陸軍省軍務局と政治

―軍備充実の政策形成過程―

大前信也 著

芙蓉書房出版

陸軍省軍務局と政治―軍備充実の政策形成過程❖目次

陸軍省軍務局と政治

――軍備充実の政策形成過程――

凡例

引用は原則として新字体に改め、仮名遣いはもとのままとした。ただし読みやすさを考慮して片仮名は平仮名に、清音を濁音に改め、句読点と現代仮名遣いによる振り仮名を補った場合がある。

はじめに

政治過程における陸軍

すぐれて多元主義的であった明治憲法体制下の政治を論ずるにあたっては、各政治勢力が予算の裏付けを求めて政策を提出する予算過程の考察が有益である。法律と毎年の予算は政策の実現の手段として政治過程を経て決定されていくが、予算は政治権力が問題状況に対してどのような政治的価値判断を下したかを貨幣量（数字）という冷徹な記号によって明示するからである*1。政治というものを国家の政策の決定において誰の好みが優位を占めるべきかという点をめぐる相剋という形でみるならば、予算はこの闘争の結果を記録するものであった*2。それならば予算編成を通ずる政策形成過程の考察を通してその時期の政治の特色を描くことができるはずである。

これまで筆者は昭和戦前期の予算編成を通じての政策形成過程を、要求を受けて査定する側すなわち大蔵省主計局に視点を置いて論じてきた*3。満洲事変、二・二六事件を経て最大の政治勢力となっていく陸軍は政治過程で担う役割を増大させていくが、一方では軍備充実などの政策の実現を求めて予算の要求を行う一行政官庁である。政策の実現、すなわち予算の獲得を陸軍はどのように行ったかということ、換言すれば陸軍の政策が予算という裏付けを求めて形成されていく過程、陸軍予算案の編成のあり方を明らかにすることは、予算を要求する側から予算編成を通じる政策形成過程を考察することであり、政治化した陸軍とその他の政治勢力がその過程で繰り広げる対立と妥協の力学とともに、陸軍部内における政策の形成と選択の態様を描き出すことになる*4。

陸軍と予算

当時の陸軍部内で予算編成の実務に携わっていた者の間でも、予算は国家の政策を最も端的に表すものであるということは認識されていた。昭和六年（一九三一）三月以降陸軍省経理局主計課員として陸軍予算編成に携わっていた新庄健吉は、同八年に「凡《およ》そ国家凡百の施政の内で最も端的に且つ基本的に政策の表はれるものは、予算を措いて無い。従つて予算を通じて政策を検討する時その背景たる社会、政治、経済、財政等の事情を観察し得るのである」と書いている*5。陸軍予算編成過程が政策形成の舞台であることは当事者も意識していたのであった。

また、統帥権の独立、さらには軍部大臣現役武官制を加えて政治勢力として高い自立性を保持していた軍部に対して、予算は制約を課しうる限られた手段の一つであった*6。予算編成は資金というリソースのマネージメントであり、予算リソースの配分は権限や管轄、管理システムを生かしたり、逆に無意味にする効果を有することで、官庁のセクショナリズムを調整する有力な手段だからである*7。この予算編成の意味をふまえると、予算は有力な行政官庁でもある陸軍に対する統制の手段、陸軍と他の政治勢力との間の調整の手段であるのみならず、陸軍省と参謀本部、さらには陸軍省の局課、参謀本部の部課といった陸軍部内の各部局間においても統制、調整の手段として有効であったことになる。予算は政策の優先順位を示す指標であるとともに、組織内の統制や調整の手段という役割を有することになる。

強大な政治勢力となった陸軍も、その合法的・間接的支配のために明治憲法体制の多元的統治機構を承認していた*8というのなら、自らの政策の実現のため予算の裏付けを求めるには、予算編成過程を通して明治憲法体制を構成する他の機関との交渉や妥協を経なければならないことになる。また、毎年の作戦計画や数年にわたる軍備計画をもとに、資材と人員の整備を求める参謀本部が軍事的見地から行う予算要求に対して、政府の一角を構成し、内閣に送り出した陸軍大臣を支える陸軍省が政治的見地から調整を施していく過程には、その時点の陸軍部内の軍政系統すなわち陸軍省と軍令系統すなわち参謀本部の関係が反映されることになる。それゆえ陸軍予算案の編成過程の分析は政治勢力としての陸軍に加えて官僚機構、行政官庁としての陸軍の実態を描き出すことになり、明治憲法体制下における陸軍と政治という課題の解明にとっての重要な鍵をもたらすだろう。

従来の陸軍研究

昭和期の陸軍についてのこれまでの研究では、軍部大臣現役武官制との関連で組閣や閣僚任命への介入といった人事面で陸軍の政治介入が言及されることが多かったが、政策の実現を意味する予算の獲得に際して、毎年行われる予算編成での陸軍の行動を分析すれば、政治勢力としての陸軍の特徴を別の角度から把握することになる。

陸軍部内の諸関係については、皇道派、統制派といった派閥、すなわち informal な人的関係に基づいて説明するものが多かった。昭和期の陸軍部内に関するこうした研究方向を明示したのが伊藤隆の論文

「統制派と皇道派ということ」であろう。伊藤はそこで「軍部の公式および非公式の構造は、軍部を解明するための重要な手がかりとなる」と述べつつ、「「閥」というものは、政策・人事の決定において、元来公式に定められた職分をもつ組織の体系内において、非公式にそれに参与するグループ」とした上で「こうした非公式のグループの働きがあって、組織が動いている」と論じ、研究の課題として「人事と政策の決定権、つまり権力をめぐって、軍部内の各閥がどのような対応をするか、どのような対抗と提携関係をつくり上げるか、その結果としてどのような決定が行われるか」ということなどを挙げて、分析の対象を専ら非公式の集団である派閥に置いている*9。

竹山護夫や佐々木隆がこの方向に沿った研究を提示した*10。前者は「革新」と「統制」という価値シンボルをめぐる部内の相剋として派閥対立を描き、後者も「革新」概念を援用して派閥対立のみならず官僚制化を論じているが、いずれも人事に焦点をあてていて（人事も広義の政策とはいえようが、狭義の）政策やその形成過程への言及は見出し難い。

一方、対峙する派閥の領袖、南次郎、真崎甚三郎の日記などを佐々木論文と同じように典拠としながら、政治学系統の研究者として北岡伸一は、派閥に着目しつつそこに政策というもうひとつの座標軸を明確に設定して昭和戦前期の陸軍の分析を試み、一貫した底流は政策体系の対立であったことを強調する。その上で二・二六事件後の粛軍により陸軍内の権力核となって他の政治集団とも結びつく政治的軍人が排除された結果、官僚機構化した陸軍は政策の体系性や国家統合を維持することが困難となったと論じている*11。北岡は陸軍における派閥の意義を否定的にはとらえていない。陸軍という膨大な官僚機構を横断する機能を派閥は有していてセクショナリズムを克服する役割を果たしていたとする。その統合の担い手が二・二六事件後の陸軍から消えてしまったというのである*12。

酒井哲哉も昭和八、九年の「陸軍における権力状況の変化、すなわち、いわゆる陸軍派閥対立とその政治史的意義」を分析するにあたって、「陸軍派閥を単なる人的結合関係によって構成されたものと考えず、ある程度政策上の一体性を持ったものとして捉える」という立場をとっている*13。北岡が対外政策、国防政策に焦点をあてたのに対し、酒井は対外政策と国内政策の関係を重視するという違いがあるが*14、派閥を分析単位としながらも政策を組み合わせて多次元化を図る方法は、北岡のそれを踏襲しているといえよう。

官僚機構としての陸軍

しかし、明治陸軍の藩閥や昭和期の派閥の領袖が権力核として統合の役割を果たしていた時期においても、陸軍の公式の制度、組織がどのような権限を有し、どのような過程をたどって政策を形成していたかという従来の研究が等閑視してきたことを解明せずして、藩閥や派閥が果たした統合の役割を正確に位置づけることは難しいのではないか。官僚機構、行政官庁としての陸軍の政策形成や予算配分の基線を明確にすることで、そこに非公式の人的結合の及ぼす変異の態様と意味も把握できるはずである。たとえば派閥や藩閥といった集団の存在目的の最重要の一つは人事と考えられるが、陸軍省の軍務局長、軍事課長、参謀本部の第一課長、第二課長といった省部の中枢ポストの占有を派閥が目指す意味は、それらのポストがいかなる権限を有し政策形成過程や予算編成過程でどのような役割を果たすのかを明らかにしてこそ理解しうるのではないだろうか。また、派閥全盛期においても、すべての陸軍幕僚が派閥に包含されていたわけではなく、各派に色分けされた幕僚もその色合いには濃淡があったはずである。閥外の局長や課長の選択を派閥の政策傾向から説明することは難しい。派閥が影を潜め、官僚機構としての特徴を前面に出しつつ最大の政治勢力となった二・二六事件後の陸軍については、各部局の権限とその行使の過程を明らかにすることが政治過程全体とそこでの陸軍の果たした役割の理解につながるはずである。

従来の研究では、たとえば陸軍省軍務局や参謀本部総務部、第一部の各課がいかなる権限を有していたか、政策形成過程や予算編成過程にどのように関与したかは十分解明されていないし、これら部局間の関係も不鮮明なままであったように思う。人事面からの分析によって陸軍ではこれらの部署が重要であると見当がつけられていただけではないだろうか。人事、派閥といった側面からの考察に終始してきたのである。官僚機構の動態を人事によって分析するのは簡単なことではない。異動の狙いや背景を確実な資料によって実証するのは困難なことが多いからである。

陸軍の政策形成過程の解明

建軍以降の陸軍を対象としうる分析枠組みの構築、陸軍の我が国近代政治過程に果たした役割や政治勢力としての特徴の解明を長期的な目標として指向するとすれば、この集団を官僚機構、行政官庁として位置づけて部局課及びその長の権限とその行使の過程を分析、考察するという方法が目的地への捷径のひとつといえるだろう。伊藤が提起した「軍部の公式および非公式の構造」の解明のうち、先学による資料の発掘、整理と分析によって非公式の構造は随分明らかになってきている。今後は公式の構造、すなわち制度、権限とその動態を解析して、これまでとは別の角度から政治勢力としての陸軍の照射を試みてはどうだろう。従来の研究成果の検証だけでなく新たな収穫を手にすることができるかもしれない*15。

陸軍も一官僚機構、一行政官庁である。この組織の政策の実現をめぐる部局間関係を、予算を伴う政策の形成過程や予算を手段とする統制、調整という面から説明することも可能ではないか。そうした仮説に基づいて以下の分析に踏み込んでいきたい。

そのためには法規や慣例などをもとに、官僚機構として陸軍の各部局に付与された予算に関わる権限を明らかにし、行政官庁として陸軍が予算を伴う政策を形成していく手順を把握することがまず必要であろう。その上で当事者の日記や回想、関係機関の公文書などをもとに具体的な事例、この場合では各年度の陸軍予算編成過程を検討していけばよい。組織における統制、調整の主要な手段である人事と予算のうち、従来の政治史研究で顧みられてこなかった後者を指標として、陸軍部内における部局間関係を提示して統制、調整の実態を明らかにするとともに、陸軍における予算を伴う政策の形成過程を描くことで政治史における陸軍をこれまでとは違った角度から位置づけようと思う。

検討すべき課題

ところで、昭和戦前期の日本についての事典は陸軍予算について次のように記している。陸軍大臣は予算を掌握することで全陸軍の行動のコントロールが可能であり、陸軍省軍務局は純作戦、人事事務を除き、重要事項一切をつかさどり、純作戦についても予算資材の権限を握っていたので容喙することが出来て、軍務局長の権限は大きかった。また軍務局の中では軍事課が昭和一一年以降の軍務課とともに重要なセクションだった。一方、経理局は軍事予算、監査、衣糧、建築などを主管するが予算の中心部分は軍務局に握られていて、それは久しい慣行であったが、昭和一一年陸軍省官制改正で軍務局軍事課の管掌事務に「陸軍予算の一般統制に関する事項」が明文で加えられた*16。

陸軍予算の編成を考察していく際に、この記述から浮上する課題として次のようなことがある。

一　軍務局とりわけ軍事課の権限は陸軍省官制にどのように規定されていたか。

二　官制により軍政事項を分掌した軍務局軍事課の内部ではどのような事務の分担が行われていたか。

三　陸軍予算の編成に関して軍務局軍事課と経理局主計課の役割はどのようであったか。

四　それらのことをふまえて、陸軍予算編成の実態はいかなるものであったか。

まず第一章において一と二の課題を考察する。そのあと三と四の課題を、陸軍部外との交渉過程という観点を加えて以下のように改めた上で、第二～五章で分析を進めていきたい。

イ　陸軍予算の編成はどのような手順に従って行われていたか。

ロ　予算編成をめぐって陸軍内の部局間関係はどのようであったか。

ハ　予算編成をめぐって陸軍と大蔵省や帝国議会の関係はいかなるものであったか。

これらの課題の追究によって、まずは陸軍大臣の政策幕僚としての陸軍省軍務局の位置を把握する。そのあと予算をめぐる同局、陸軍省経理局と参謀本部など陸軍内各部局の折衝の態様を明らかにして陸軍部内の予算を手段とする統制、調整の実態や予算を伴う政策の形成過程を描き、また、予算編成に関わる陸軍と部外との関係、具体的には陸軍予算案の大蔵省主計局による査定や帝国議会による審議の実態をとらえることになる*17。予算の裏付けを不可欠とする軍備充実などの政策が陸軍部内で起案され、部内の折衝を経て政策としてまとめられ、財政当局の査定や議会の審議を経て予算を獲得して政策の実現に至るという過程を明らかにすることで、政策の実現をめざす行政官庁としての陸軍の姿を示してみる。ただし紙幅の関係上、陸軍と議会や大蔵省との関係という八の問題は簡単に扱うに止め、詳細は稿を改めて論じることにしたい。

なお先行研究で政治勢力としての陸軍における予算編成の意味に言及しているものは少なく*18、以下に展開する分析の前提ともなるような研究は未だなされていないと思われる。昭和戦前期の陸軍と政治との関係について財政の観点を加味した研究は、これまで年ごとの予算編成よりも長期的な課題である軍制改革の問題に焦点をあて、陸軍と政党内閣との関係、省部（陸軍省と参謀本部）間など陸軍部内の関係を論じてきている*19。しかし政軍関係や陸軍部内の諸関係、さらには陸軍の政策形成過程の変化と持続を考察するには、毎年繰り返される予算編成が好適の材料を提供すると考える。

＊註

1　新藤宗幸「予算の編成」（西尾勝・村松岐夫編『講座行政学』第四巻政策と管理、有斐閣、平成七年）一九九～二〇〇頁。
2　アアロン・ウィルダフスキー『予算編成の政治学』小島昭訳、勁草書房、昭和四七年、七頁。
3　大前信也『昭和戦前期の予算編成と政治』木鐸社、平成一八年。
4　戦後日本の予算政治を理解する政治学者は戦前期の軍部について、軍備拡大をめざして予算獲得競争の政治に参入し、より大きな予算を要求することによって政治化したと述べているが（村松岐夫・伊藤光利・辻中豊『日本の政治』第二版、有斐閣、平成一三年、八五～八六頁）、陸海軍予算の編成に関係して展開される政治過程を具体的、実証的に分析した結果に基づいているわけではない。

5　新庄健吉「満洲事変予算成立の経緯」(『陸軍主計団記事』第二八三号、昭和八年九月、四五頁)。新庄の経歴や経済政策思想については、塩崎弘明『国内新体制を求めて―両大戦後にわたる革新運動・思想の軌跡』九州大学出版会、平成一〇年、第一章が詳しい。『陸軍主計団記事』は陸軍経理学校研究部が編集、陸軍主計団記事発行部が発行して経理部将校相当官である主計団員全員に配布された月刊誌で、兵科将校にとっての『偕行社記事』に相当する。

6　李炯喆『軍部の昭和史』上巻合法的・間接的支配への道、日本放送出版協会、昭和六二年、二六～二九頁。

7　村松岐夫『日本の行政―活動型官僚制の変貌』中央公論社、平成六年、七二～七三頁。

8　李『軍部の昭和史』上巻、一六六頁、波多野澄雄『幕僚たちの真珠湾』朝日新聞社、平成三年、九～一〇頁。

9　伊藤隆「統制派と皇道派ということ」(『軍事史学』第一二巻第二号、昭和五一年九月)四～五頁。

10　竹山護夫「昭和十年七月陸軍人事異動をめぐる政治抗争(その一)～(その六)」(『山梨大学教育学部研究報告』人文社会科学系第二四、二五、二七、二八、二九、三〇号、昭和四九年二月、五〇年二月、五一年一二月、五二年一二月、五三年一二月、五四年一二月。のち竹山護夫『昭和陸軍の将校運動と政治抗争』竹山護夫著作集四、名著刊行会、平成二〇年、に収録)、佐々木隆「陸軍『革新派』の展開」(近代日本研究会編『昭和期の軍部』年報近代日本研究一、山川出版社、昭和五四年)。

11　北岡伸一「陸軍派閥対立(一九三一～一九三五)の再検討―対外・国防政策を中心として」(『昭和期の軍部』。のち北岡伸一『官僚制としての日本陸軍』筑摩書房、平成二四年、に収録)。

12　北岡伸一「政治と軍事の病理学―近代日本軍事史再考」(『季刊アステイオン』第二一号、平成三年七月。のち北岡『官僚制としての日本陸軍』に収録)四八頁。

13　酒井哲哉『大正デモクラシー体制の崩壊―内政と外交』東京大学出版会、平成四年、六七頁。

14　同前、七二頁。

15　北岡伸一は「支那課官僚の役割―政軍関係の再検討のために」（日本政治学会編『近代化過程における政軍関係』年報政治学一九八九、岩波書店、平成二年。のち北岡『官僚制としての日本陸軍』に収録）で政軍関係を論じるにあたっては派閥や藩閥という視点を離れている。陸軍の政治介入の多くは中国政策に関連していて、また陸軍部内の分裂や対立の結果として起こるものであるという前提に立ち、政策（中国政策）の特質を組織（支那課、すなわち参謀本部第二部第五課）の制度と人事の側面から考察した上で、「支那通」の活動の特質をケース・スタディの中に探るというアプローチを採っている。本書の原型をなす論文を着想するにあたって多くの示唆をもたらしてくれた。昭和期の陸軍に関する研究では、その後も派閥を説明要因にしているものが少なくなく、新書などの通俗的なもののみならず学術論文などにも見られる。「何々派」の定義や特徴、その構成要員も不明確なまま、「何々派の誰某の仕業」と述べることで議論の展開に説得力を持たせようとしている。権力や権限を属人的にとらえがちなこうした研究は、官僚制を派閥や人事に還元して理解しようとしているように思う。社会科学である政治学の下位分野としての政治史研究として、他の分野からの批評にも堪えうるようなものにするためには、異なる時期、対象との比較を可能とするような類型化を視野に入れて対象を分析していくべきであろう。そのためには社会科学の他の分野の成果を活用することが必要と考える。筆者は同じ趣旨のことをすでに一般雑誌掲載の論文に記した（大前信也「誰なら陸軍を抑えられたか」（『文藝春秋Ｓｐｅｃｉａｌ』平成二七年季刊春号、平成二七年四月）七二頁）。なお、吉田裕は軍部内の派閥的勢力関係の推移を実証する研究に批判的で、そこでは「人事をめぐる派閥間の勢力関係の変化をほとんど唯一の軸として、軍部の政治的動向を分析」しているが、「そうした視角のみから軍部の政治史的研究をすすめることには、無理がある」と述べている。軍部の政治的動向は、それが統治、組織する対象としての社会、民衆の動態と関係しているとして、同時期の社会情勢、政治情勢と関連させて軍部の政治的動向を分析しようとするのが吉田のアプローチであり、排外主義や反軍的気運の盛衰を重視している（吉田裕「満州事変下における軍部―「国防国家」構想の形成」(『日本史研究』第二三八号、昭和五七年六月)三九〜四〇頁)。

16 伊藤隆監修・百瀬孝『事典昭和戦前期の日本―制度と実態』吉川弘文館、平成二年、二八八〜二九〇頁。

17 予算編成をめぐる陸軍と大蔵省の関係は、すでに大前『昭和戦前期の予算編成と政治』第二章、第四章で考察を加えている。

18 前出の李『軍部の昭和史』上巻二六‐二九頁が統治機構内での陸軍に対する予算の意義を述べているのに対し、筒井清忠は「軍務局・軍事課というラインが陸軍省の中でも最も重要であった理由」を「軍務局・軍事課(予算班)が全陸軍の予算編成権を握っていたからである」として、陸軍部内における予算編成の意義を示唆している(筒井清忠「昭和期陸軍エリート研究・序説―成績・昇進・派閥」(近代日本研究会編『官僚制の形成と展開』年報近代日本研究八、山川出版社、昭和六一年)三〇六頁)。

19 照沼康孝「宇垣陸相と軍制改革案―浜口内閣と陸軍」(『史学雑誌』第八九編第一二号、昭和五五年一二月)、同「南陸相と軍制改革案」(原朗編『近代日本の経済と政治―中村隆英先生還暦記念』山川出版社、昭和六一年)、小林道彦「浜口雄幸内閣期の政党と陸軍」(『北九州市立大学法政論集』第三〇巻第三・四号、平成一五年一月。のち小林道彦『政党内閣の崩壊と満州事変―一九一八〜一九三二』ミネルヴァ書房、平成二二年、に収録)、同「第二次若槻礼次郎内閣期の政党と陸軍」(『北九州市立大学法政論集』第三一巻第二・三・四号、平成一六年一月。のち小林『政党内閣の崩壊と満州事変』に収録)。照沼によれば、軍制改革問題は「政党内閣下の政党と陸軍との間の、財政を軸とした関係の一つ」(「宇垣陸相と軍制改革案」五八頁)であり、「政党内閣下での陸軍と政党との、より具体的な政治折衝の場」(「南陸相と軍制改革案」三一九頁)であった。

第一章

政軍関係と陸軍省軍務局

政治介入の組織的基盤

陸軍の政治との関わりについては、昭和戦前・戦時期の陸軍などを例に政軍関係を論じる先行研究がこれまで蓄積されている*1。軍事の政治化、政治と軍事の一体化が進行するのがこの時期であり*2、軍部の政治介入がこの時期の政治の特徴であった。そこで分水嶺をなすのが昭和一一年（一九三六）の二・二六事件であるとされる*3。これ以後、同種の事件が発生しなかったことが重要であり、陸軍はクーデタとは異なる方式で政治への介入を強めていくのであった*4。

同事件を契機とした陸軍の政治介入の強化については、陸軍大臣を現役武官に限定することで、参謀本部や教育総監部に分散していた権限の陸相への集中を進めて陸軍の統率、団結を確立させ*5、その陸相を通して、陸軍の政治上の要望を統一した形で合法的に政府に提示し、実現させようとする方式の確立として*6、昭和一一年五月の陸軍省官制改正、すなわち軍部大臣現役武官制の復活への言及が目立つ。

一方で、陸軍省や参謀本部の局、部、課の位置づけや各部局の業務の観点からの陸軍の政治介入の考察は未だ十分なされていず*7、同一一年七月の陸軍省官制改正による軍務局などの組織改編への言及も簡単なものにとどまっている*8。

陸軍の政治介入の強化には、軍部大臣現役武官制の導入とともに、その陸相の政治活動を支えるスタッフ、すなわち軍務局の改編が重要な役割を果たしているはずである。現役武官制によって陸相の存在が有する政治的意味の重要性が格段に強化されたとしても、陸軍の立場から政治情勢を分析して政策を立案し、政治行動の選択肢を提供することで、陸相の去就を左右する政策幕僚の存在を抜きにして、政治勢力としての陸軍はありえないだろう*9。二・二六事件後の陸軍の特徴は、単に政治に介入したということだけでなく、その介入の主体が省部の中堅幕僚であった、すなわち陸軍権力が下方に移行したということだとしたら*10、陸相の政治行動を左右することで権力の実質を掌握するに至った彼らの拠る省部各部局の業務や部局間の関係を把握することが必要である。その重要性は軍部大臣現役武官制の復活にも劣らないだろう。

そこで本章では、二・二六事件を受けて行われた昭和一一年七月の陸軍省官制改正に焦点を当て、陸軍省軍務局の改編に注目して、陸軍の政治介入の組織的基盤について考えてみたい。

第一節　陸軍における軍務局軍事課の位置

軍政の中枢としての軍務局軍事課

陸軍省軍務局は陸軍の純作戦、人事事務を除き、重要事項一切をつかさどり、純作戦についても予算、資材の権限を握っていたので容喙しえたという*11。また、軍務局長は陸軍大臣の政治的幕僚長として国防政策に関して議会工作を担当し、諸政策の立案、統制にあたったという*12。進級や要職経験を基準にした分析によれば、明治末から大正、昭和にかけての時期の「軍務局長は強力な政治的背景を持ち、陸軍枢要の地位を掌握する人物」であり、同局長の地位は参謀本部第一部長と並ぶ陸軍の局・部長級の最有力ポストであった*13。要するに軍務局は陸軍省の中枢に位置して陸軍全体を統括するとともに、陸相の政治活動を補佐して政治勢力としての陸軍の動向を左右したといえよう。

明治二三年に設けられた軍務局の中では、軍事課が常に筆頭に位置していた。陸軍省軍務局軍事課は参謀本部第一部作戦課（第二課）と並び陸軍最高のエリートの働く場であり、軍事課長経験者の進級ぶりは異常なほどであった*14。陸軍大学校卒業者にとってのエリートコースは、陸軍省か参謀本部に勤務することであり、陸軍省では軍事課が一番であったという*15。大正・昭和期の軍事課関係者の筆による同課の位置づけは次のようになる。

軍事課は軍事一般の枢要機務を執掌《おうしよう》し国防建制、平戦両時の編制や陸軍に関する諸条規の審議立案の外、内外に渉る軍事其他の重要事項を関渉《（ママ）》し、其の事務の範囲も極めて広汎であり、陸軍省の首脳部として事実上他の各局課を支配して居る*16。

軍事課は陸軍内外にわたる重要事項を広く取り扱い、軍務局の中核、すなわち陸軍省の中心をなす部署であったといえる*17。筒井清忠の言うように「軍務局・軍事課というラインが陸軍省の中でも最も重要であった」のである*18。政治勢力としての陸軍を考察するにあたっては、軍務局、とりわけ軍事課の役割を理解することが不可欠といえよう。

軍務局軍事課の管掌事務

そこで、軍務局軍事課の役割を分析するにあたって、まずこの部署が陸軍内において歴史的にどのような位置づけをなされてきたかを概観したい。陸軍省官制に定める軍務局軍事課ないしはそれに相当する課の管掌事務の変遷を見ることにする。

明治一九年二月二六日勅令第二号各省官制の一部として陸軍省官制が公布されて以降の、同官制中の軍事課に関する部分の改正を『法令全書』から抜粋すると表1のようになる*19。

表1　陸軍省官制中、軍務局軍事課に関係する条文（各年の『法令全書』から抜粋）

明治19年2月26日勅令第2号
各省官制
　通則
第35条　各省中省務の全部を統轄する為に総務局を置き省務を分掌する為に各局を置く
陸軍省
第5条　総務局は通則に依らず第一課第二課第三課第四課及制規課を置き其事務を分掌せしむ
第8条　第三課に於ては左の事務を掌る
　1　軍隊の建制及編制に関する事項
　2　出師準備に関する事項
　3　要塞衛戍其他軍隊の勤務及内務に関する事項
　4　軍隊教育及諸演習に関する事項
　5　軍隊の儀式及陸軍礼式に関する事項
　6　軍人服制及陸軍徽章に関する事項
　7　一般の儀式礼典並鹵簿《ろぼ》に関する事項
　8　憲兵歩兵屯田兵に関する事項
　9　陸軍大学校士官学校戸山学校教導団に関する事項
　10　武学生に関する事項
　11　海外留学生に関する事項
　12　軍医獣医部生徒並砲兵諸工生徒蹄鉄生徒等の制規及教則に関する事項
　13　雇外国教師に関する事項
　14　外国語通弁の事

15 外国文書翻訳の事
16 省中備付の洋書訳書管守に関する事項
17 軍楽隊に関する事項並其人員名簿調整に関する事項

明治20年5月31日勅令第19号
第9条　第三課に於ては左の事務を掌る
1 軍隊の建制及編制に関する事項
2 出師準備に関する事項
3 検閲に関する事項
4 要塞衛戍其他軍隊の勤務及内務に関する事項
5 軍隊教育及諸演習に関する事項
6 軍隊の儀式及陸軍礼式に関する事項
7 軍人服制及陸軍徽章に関する事項
8 一般の儀式礼典並鹵簿に関する事項
9 憲兵歩兵屯田兵に関する事項
10 陸軍諸学校及教導団に関する事項
11 武学生に関する事項
12 海外留学生に関する事項
13 陸軍諸生徒（武学生を除く）の制規及教則に関する事項
14 雇外国教師に関する事項
15 外国語通弁の事
16 外国文書翻訳の事
17 省中備付の洋書訳書管守に関する事項
18 軍楽隊に関する事項並其人員名簿調整に関する事項

明治23年3月27日勅令第51号
第4条　陸軍省に総務局を置かず
第7条　陸軍省に左の諸局部を置く
軍務局　会計局　医務局　法官部
第9条　軍務局に第一軍事課第二軍事課馬政課砲兵事務課工兵事務課獣医課を置き其事務を分掌せしむ
第10条　第一軍事課に於ては左の事務を掌る
1 一般の編制及軍隊の編制、建制、軍隊配置、出師準備及戒厳、徴発に関する事項
2 軍隊諸勤務、教育、演習、検閲、軍紀、風紀の規定に関する事項
3 諸学校及外国留学生に関する事項
4 儀式、礼式、服制、徽章、喪紀、埋葬に関する事項
5 外国図書翻訳及原書訳書の管守に関する事項

明治26年8月30日勅令第91号
第5条　陸軍省に左の諸局部を置く
軍務局　経理局　医務局　法官部
第7条　軍務局に第一軍事課、第二軍事課、馬政課、砲兵事務課、工兵事務課を置く
第8条　軍務局第一軍事課に於ては左の事務を掌る
1 編制、建制に関する事項

2　出師準備及戒厳、徴発に関する事項
3　軍隊諸勤務、教育、演習及検閲に関する事項
4　軍紀、風紀に関する事項
5　諸学校及外国留学生に関する事項
6　儀式、礼式、服制、徽章に関する事項
7　図書及翻訳に関する事項

明治29年5月9日勅令第192号
第7条　軍務局に第一軍事課、第二軍事課、馬政課、砲兵課、工兵課を置く
第9条　第一軍事課に於ては左の事務を掌る
1　編制、建制に関する事項
2　動員計画及戒厳徴発に関する事項
3　軍隊諸勤務、教育、演習及検閲に関する事項
4　軍紀風紀に関する事項
5　諸学校に関する事項
6　外国駐在視察武官に関する事項
7　儀式、礼式、服制、徽章に関する事項

明治30年9月3日勅令第303号
第7条　軍務局に軍事課、歩兵課、騎兵課、砲兵課、工兵課、兵器課を置く
第9条　軍事課に於ては左の事務を掌る
1　編制、建制に関する事項
2　動員計画、戒厳及徴発に関する事項
3　軍隊諸勤務、教育、演習及検閲に関する事項
4　軍紀、風紀に関する事項
5　諸学校（経理学校軍医学校獣医学校及砲兵工科学校を除く）に関する事項
6　外国駐在員に関する事項
7　儀式、礼式、服制、徽章に関する事項

明治33年5月19日勅令第193号
第3条　陸軍省に左の六局を置く
総務局　人事局　軍務局　経理局　医務局　法務局
第10条　軍務局に軍事課、歩兵課、騎兵課、砲兵課、工兵課及獣医課を置く
第11条　軍事課に於ては左の事務を掌る
1　建制及編制に関する事項
2　動員計画、戒厳及徴発に関する事項
3　演習及検閲に関する事項
4　教育総監部及同総監部直轄諸学校に関する事項
5　団隊配置に関する事項
6　鉄道及兵站業務に関する事項
7　水陸交通路に関する事項
8　儀式、礼式、服制、徽章に関する事項
9　風紀軍紀に関する事項
10　参謀本部、陸軍大学校、鉄道大隊に関する事項

明治36年4月14日勅令第75号
第8条　軍務局に軍事課、歩兵課、騎兵課、砲兵課及工兵課を置く
第9条　軍事課に於ては左の事務を掌る
1　建制及編制に関する事項
2　動員計画、戒厳及徴発に関する事項
3　演習及検閲に関する事項
4　団隊配置に関する事項
5　戦時の諸規則に関する事項
6　外国駐在員及留学将校、同相当官に関する事項
7　儀式、礼式、服制及徽章に関する事項
8　軍紀、風紀に関する事項
9　参謀本部、教育総監部、陸軍大学校、士官学校、中央幼年学校及地方幼年学校に関する事項

明治41年12月18日勅令第314号
第4条　陸軍省に左の六局を置く
人事局　軍務局　兵器局　経理局　医務局　法務局
第9条　軍事課に於ては左の事務を掌る
1　陸軍建制及平時戦時の編制に関する事項
2　戒厳に関する事項
3　演習及検閲に関する事項
4　団隊配置に関する事項
5　戦時の諸規則に関する事項
6　軍紀、風紀に関する事項
7　儀式、礼式、服制及徽章に関する事項
8　外国駐在員、留学将校、同相当官及部隊付外国武官に関する事項
9　参謀本部、教育総監部、陸軍大学校、陸軍士官学校、陸軍中央幼年学校及陸軍地方幼年学校に関する事項

大正15年9月30日勅令第312号
第4条　陸軍省に左の七局を置く
人事局　軍務局　整備局　兵器局　経理局　医務局　法務局
第10条　軍務局に軍事課、兵務課、徴募課、防備課及馬政課を置く
第11条　軍事課に於ては左の事務を掌る
1　陸軍建制及平時戦時の編制に関する事項
2　戒厳に関する事項
3　演習及検閲に関する事項
4　団隊配置に関する事項
5　戦時の諸規則に関する事項
6　儀式、礼式、服制及徽章に関する事項
7　外国駐在員、留学将校、同相当官及部隊付外国武官に関する事項

8　国際的規約に関する事項
9　参謀本部、教育総監部及陸軍大学校に関する事項

昭和11年7月24日勅令第211号
第6条　陸軍省に左の八局を置く
人事局　軍務局　兵務局　整備局　兵器局　経理局
医務局　法務局
第11条　軍務局に軍事課及軍務課を置く
第12条　軍事課に於ては左の事務を掌る
1　陸軍軍備其の他一般陸軍軍政に関する事項
2　陸軍建制並に平時戦時の編制及装備に関する事項
3　陸軍予算の一般統制に関する事項
4　航空兵の本務及教育、航空関係の兵器及技術其の他航空に関係ある事項の統轄に関する事項
5　演習及検閲に関する事項
6　団隊配置に関する事項
7　戦時諸規則に関する事項
第13条　軍務課に於ては左の事務を掌る
1　国防政策に関する事項
2　国際的規約に関する事項
3　外国駐在員、留学将校、同相当官及部隊付外国武官に関する事項
4　満洲国の軍事其の他之に関連ある事項
5　満洲国以外の外国の軍事に関する事項

6　帝国議会との交渉に関する事項
7　国防思想の普及及思想対策に関する事項

昭和14年1月13日勅令第15号
第10条　軍務局に軍事課及軍務課を置く
第11条　軍事課に於ては左の事務を掌る
1　国防の大綱に関する事項
2　陸軍軍備其の他一般陸軍軍政に関する事項
3　陸軍建制並に平時戦時の編制及装備に関する事項
4　戒厳、警備、防空及軍動員の基本に関する事項
5　陸軍予算の一般統制に関する事項
6　軍需品行政の基本に関する事項
7　航空兵の本務其の他航空に関係ある事項の統轄に関する事項
8　演習及検閲に関する事項
9　団隊配置に関する事項
10　戦時諸規則に関する事項
11　外国駐在員及留学将校に関する事項
12　陸軍軍需審議会に関する事項
第12条　軍務課に於ては左の事務を掌る
1　国防政策一般に関する事項
2　国際的規約に関する事項
3　部隊付外国武官に関する事項
4　国家総動員一般に関する事項

5 満洲国及支那の軍事其の他之に関連ある事項
6 満洲国及支那以外の外国の軍事に関する事項
7 帝国議会との交渉に関する事項
8 国防思想の普及及思想対策に関する事項
9 軍事関係団体の指導の統制に関する事項

8 演習及検閲に関する事項
9 団隊配置に関する事項
10 戦時諸規則に関する事項
11 外国駐在員、留学将校及総力戦研究所研究生に関する事項
12 陸軍軍需審議会に関する事項

昭和16年4月8日勅令第403号
第11条　軍事課に於ては左の事務を掌る
1 国防の大綱に関する事項
2 陸軍軍備其の他一般陸軍軍政に関する事項
3 陸軍建制並に平時戦時の編制及装備に関する事項
4 戒厳、警備、防空及軍動員の基本に関する事項
5 陸軍予算の一般統制に関する事項
6 軍需行政の基本に関する事項
7 航空兵の本務其の他航空に関係ある事項の統轄に関する事項

第12条　軍務課に於ては左の事務を掌る
1 国防政策一般に関する事項
2 国際的規約に関する事項
3 部隊付外国武官に関する事項
4 国家総動員一般に関する事項
5 満洲国及支那の軍事其の他之に関連ある事項
6 満洲国及支那以外の外国の軍事に関する事項
7 帝国議会との交渉に関する事項
8 国防思想の普及及思想対策に関する事項
9 軍事関係団体の指導の統制に関する事項

陸軍省官制が制定されて以来、三年ごとに管掌事務の見直しが官制の改正という形で行われ、日露開戦前年の明治三六年に至っているということがわかる。そこに至る明治二〇年代には外国図書翻訳や洋書の管理が明文化されていて、欧米諸国の軍制の受容に取り組んでいたことが現われている*20。各時代の陸軍の置かれた状況が軍事課の管掌事務という狭い範囲にも反映されているということ、時代に応じて陸軍が事務分掌を変化させているということがわかるであろう。

山崎正男は昭和二二年に執筆した「陸軍軍制史梗概」において、「現陸軍省官制の根幹をなせるものは、明治三六年制定の官制」であると記している*21。山崎は陸軍士官学校三三期、昭和三年陸軍大学校を卒業後、人事局、軍務局、兵務局と陸軍省勤務を続けている。明治三六年官制によって陸軍省組織の基盤が形づくられたという認識が昭和期においても省内で共有されていたのであろう。明治三六年以後、官制改正のペースが落ちることからしても、日露開戦前年に陸軍省の組織はひとまず完成したといえる*22。

そのあと陸軍省組織の大きな変化は、時間を経て大正一五年の官制改正を待つ。総力戦となった第一次世界大戦の影響から、軍需品整備を主務とする整備局が新たに設けられるとともに、軍務局の課編制が兵科別から機能別に変えられたのである*23。再び時を経て、昭和一一年七月二四日勅令二一一号が同年八月一日に施行されるが、この官制改正によって軍務局にあった兵務課、防備課、馬政課は新設の兵務局に、徴募課は人事局に移された*24。従来の軍事課の主要業務を軍事課と新設の軍務課の二課で分掌することとなり、軍務局はこの両課と官制外の新聞班という簡素な構成で、陸軍軍政の主要事項のみをつかさどり、大臣を補佐する新態勢をとることになる*25。

ここに、軍務局の政策幕僚としての機能が強化されることになるのであるが、次にこの昭和一一年七月官制改正における軍務局改編の経緯と意図を資料に基づき詳細に検討してみる。

第二節　昭和一一年七月陸軍省官制改正の経緯

軍務局改編の理由

防衛省防衛研究所戦史研究センター所蔵の「陸軍省大日記」中の「陸軍省官制改正の件外六件改正の件」*26には、七月八日付の陸相より参謀総長照会案と閣議請議案がそれぞれの理由書と共におさめられているが、両者はほぼ同文で、理由書の軍務局関係の改正についての箇所には、「広汎多岐複雑せる軍務局及軍事課の業務を整理」して「事務処理の統制、敏活、簡捷を期する」とあるのみで、具体性を欠く。

次の枢密院審査段階の書類には、軍務局改編の理由がより詳しく述べてある。「枢密院会議文書」中の「陸軍省官制中改正の件　昭和十一年七月二十三日決議」*27に収録されている「陸軍省官制改正案説明案」は、作成部局名や日付は明記されていないが、内容から陸軍省作成のものであろう*28。軍務局改編についての部分を抜粋すると次の通りである。

一　複雑せる業務の整理

満洲事変以来陸軍省の業務は非常に広汎、多岐、繁忙、複雑の度を加へました。特に軍務局及軍事課に於て然りであります。即ち一人の軍務局長、一人の軍事課長に於て之を処理することは愈々困難となりましたので、現在の軍務局から兵務、徴募、防備、馬政の四課を分離し、軍務局長をして重要なる軍務に専念せしむることとし、且現在の軍事課を純軍事と軍事に関連せる政策との二課に区分し、軍事課長をして重要軍事に専念せしむると共に、軍務課を新設し軍事に関連せる重要政策に専念せしむることと致します。

そして「陸軍省官制改正案説明案」に別紙として添えられた「逐条説明」*29では、ここに述べられた趣旨が各条文に即して繰り返されている。すなわち第六条については「軍務局は業務複雑多岐にして一局として過大なるを以て二分」すること、第一一条について「兵務、徴募、防備、馬政の四課を他局に移管し、軍事課を二分して二課となし、軍務局長をして重要なる軍事に専念せしむ」ること、第一二条では軍事課の業務に関して「軍事課長をして重要なる軍事に専念せしむる」こと、第一三条では軍務課の業務について「軍事に直接の関係ある政策事項を整理統合して一課を新設、軍事課所掌の重要なる純軍事と密接なる連絡を保持せしむる」こととなっている。

満洲事変による変化

さて、枢密院審査委員会にかけられた本案について、七月一八日付の「陸軍省官制中改正の件審査報告」が村上恭一枢密院書記官長から平沼騏一郎枢密院議長に提出された。そこでは官制改正の要旨が説明されているが、筆頭に掲げられた「(一) 軍務局の分課の変更」では、「満洲事変発生以来陸軍省所管の各般の事務は著しく繁多を加へ、殊に軍務局軍事課の所掌事務に於て甚しきものあり、処理上の支障少からざるに由り」と理由を述べた上で、新たな軍事課、軍務課の管掌事務の概要を説明している*30。上述の「陸軍省官制改正案説明案」の主張がそのまま取り入れられているといってよい。続いて他の改正内容の趣旨を説明したあと、審査報告は「其の改正の諸点は孰《いず》れも別に支障の廉《かど》を認めざるに由り、本件は此の儘之を可決せられ然るべしと思料す」と結ばれている。

枢密院本会議は七月二三日に開催された。冒頭、報告員である村上書記官長から上述の審査報告が読み上げられるが、軍務局分課の変更に関する部分では、軍事課、軍務課の管掌事務の概要を説明したあとに「即ち大体に於て軍事課の掌る所は純粋の軍事に関する事務とし、軍務課の掌る所は軍事に関係ある重要政策とす」という文句を補っている＊31。これも「陸軍省官制改正案説明案」の述べているところであった。

河合操枢密顧問官（後備役陸軍大将、元参謀総長）がこのあと発言するが、軍務局の分課の変更については、

従来の軍務局の任務は過重にして、殊に軍事課に於ては満洲事変勃発以来複雑なる案件輻湊《ふくそう》し、一人の課長にては之が処理困難と為り、従て之を包括せる軍務局長の任務亦実に容易ならず。為めに何等かの過誤を生ずることなきやの懸念ありたるも、今回の改正に因り執務上充分考慮の余裕を得、能く上司に断行の資料を供し得べきが故に大に安心して可なり＊32。

と述べていて、先に見た官制改正についての陸軍当局の意図を汲み取り、審議の円滑な進行を狙った発言と思われる。

このように見てくると、大正末以来つづいた軍縮路線が満洲事変で一転して陸軍を活性化させ、業務の内容、分量が大きく変化したからというのが、陸軍当局の明示した軍務局改編の理由ということになる。旧軍事課管掌事務のうち、新軍事課に純軍事事項を、軍務課に軍事に関連する政策事項を管掌させ、軍務局長は官制上この二つのみを統括して重要な軍務に専念するという体制に改めるというのである。

兵務課、徴募課、防備課、馬政課も管轄していた従来の軍務局長は、雑務が多くて事務的事項の決裁に追われ、大臣、次官を助けて重要職務に専念することができず、軍内部の下剋上思想の浸透などへの対処

が不十分となって二・二六事件を招いたという反省もあったという＊33。軍務局長は「群務局長」と揶揄されるほど雑務が多く多忙だったとの指摘もあり＊34、軍事課員も元々の激務に満洲事変が重なると多忙を極めたと回顧している＊35。こうした軍務局、軍事課を取り巻く状況が軍務局の改編を必要とする理由として陸軍当局によって主張されたのであった＊36。

軍務局改編の背景

しかし、このように官制改正にあたって明示された軍務局改編の理由の背後には、陸軍の政治介入を組織的に強化するという明確な意図が従前から存在していたことに気づくべきであろう。軍部大臣現役武官制を復活させる同年五月の陸軍省官制改正に際しても、人事に関する陸相の権限強化を目的とするこの改正について、陸軍は業務の能率化ということを前面に押し出す形で枢密院に説明していた＊37。

七月の官制改正の本質的意図は、前年八月軍務局長在職中に暗殺された永田鉄山の筆による次のような覚書によって明らかとなる。

国防の根本要義は内は挙国一致の情勢を致し、外は国際の関係を適良に導くに在り。今や外の関係は姑《しばら》く措くも、内、人の和を得あらず、国として然り、軍内亦然り、戦争準備の最大欠陥なり。国防の根本を揺がしつゝあり。人の和を欠きあるは政治、経済、社会の各部面に亘り欠陥多きに因する所、頗《すこぶる》大なり。即ち此間に乗じ赤化思想の侵入、各種好ましからざる思想傾向の醸成せらるゝあり。極左、極右の対立、社会各層の闘争激甚にして、文武の間漸く離反の兆あり。軍内上下関係亦背反の傾向あり。斯の如くして近代的国防の目的は決して十全に達成し得べきに非ず、根本禍源の芟除《さんじょ》に非常の措置を切要とす。国防の上に、国家興隆の上に根本の禍源をなすものは、即ち政治、経済、社会に於ける幾多の欠陥なること上述の如し。而して今や禍根は深くして広く之を所謂為政家のみに委して之が芟除を求むるも、木に縁りて魚を求むるに等し。乃ち純正公明にして力を有する軍部が、適正なる方法に依り為政者を督励するは現下不可欠の要事たるべし。督励指導の方法は事に依り時に応じ適当に之を選択し得べく、茲《ここ》に最も切要なるは指導督励の為の寸〔ママ〕度を自ら把握するに在り。即ち具体案を有するに在り。之無くして抽象的に要望を発するも得る所少し。

現制国務大臣たる陸海軍大臣の補佐機関は、軍政を処理して余力少き各局課以外に之を有せず。政務官の如き多く言を須《もち》ふるの要なし。即ち現下の非常時に処し、特に国務に関する専任の補佐者を置き、前項具体案等の討究に当らしむるの要喫緊なるものあり。

但し叙上機関の存在は之を部外に対しては秘するを以て得策とするを以て、現軍事調査委員長、軍事調査班の人事の運用と若干の増員（或は満蒙班の人員を流用）とに依り目的の達成を期し、之に課する特別任務亦秘密の取扱とするを可とせん＊38。

文中の「満蒙班」（満洲班）の軍事課での新設は、後述するように昭和六年九月の満洲事変勃発以後のことであり、また、軍事調査委員長は昭和八年一一月一二日付で軍事調査部長と改称されるので、この覚書の執筆はその間のことであり、永田が軍務局軍事課長（昭和五年八月から七年四月）、参謀本部第二部長（昭和七年四月から八年八月）、歩兵第一旅団長（昭和八年八月から九年三月）のいずれかの職にあった時期と考えられる。永田は昭和九年一月三一日にも教育総監真崎甚三郎大将を訪ねて、時局打開のための陸相からの国策提出、陸軍省内への国策研究機関の設置の必要を力説している＊39。

政治介入の組織的強化

永田は上記の覚書で、当時の我が国が直面していた国家的統合の困難＊40を指摘した上で、我が国の国防のみならず国家興隆のための障害は政治、経済、社会の幾多の欠陥であり、それらの是正は政治家のみには委ねられず、軍部の督励が不可欠であり、政治指導の具体案を陸軍が有することが最も重要であると述べている。そして、その具体案を得るためには、陸相の補佐機関、すなわち陸軍省の各局課は、現状では軍政処理に多忙のため十分な活動ができないので、「特に国務に関する専任の補佐者を置き、前項具体案等の討究に当らしむるの要喫緊」であるというのであった＊41。

軍政に関する陸相補佐機関、中でも軍務局が多忙を極めていたことは、先に見たとおりであり、永田自身も軍事課長を経験して実感していたはずである。昭和一一年七月の陸軍省官制改正にあたっては、それが軍務局改編の表向きの理由として明示されていた。しかし、すでに改正に至るまでの時期に、軍務局改編を必要とする理由として、永田の記すように陸軍による国策、政策の立案とそれを掲げての政治介入の意図が明確にあったのである。

一方で、片倉衷大尉を中心とする省部の若手将校は、別の角度から陸相に対する政治的補佐機能強化の必要性を明らかにしていた。彼らがまとめた昭和九年一月五日付の「政治的非常事変勃発に処する対策要綱」は、国内諸般の動向から勃発の可能性が高いとする政治的非常事変においては軍部が時局収拾の重責を担うことになるとして、その準備のために考案された。そこでは、かかる事態に際しての「中央部の執るべき方策」として、軍は非常事変勃発に対する準備を完成して応急施設を講じておくべきとした上で、準備期間の処置のひとつに「速に国策上陸軍大臣の専任幕僚を設く」ることを「革新大綱の立案並移行手段の研究」などとともに挙げている*42。片倉らのグループは永田の影響下にあったことを考えれば*43、陸軍の政治介入の制度的基盤の整備についての同じ志向が両者に見られるのは不思議ではない。

このような陸軍の政治介入を組織的に強化しようという意思の最初の具体化は、のちに見るように永田軍務局長の下での軍事課政策班の設置であったといえる*44。それは永田が政治担当部署の設置は部外に秘すべきとしたためか、官制改正を必要としない軍事課内の班レベルの動きであった。そしてこの方向の更なる進展として、軍事課、軍務課の二課構成に改編された二・二六事件後の軍務局があるといえよう。

政策幕僚としての軍務局

二・二六事件の後、七月の陸軍省官制改正を前にした第六九回帝国議会において、広田弘毅内閣の寺内寿一陸相はこうした陸軍の意図を明確に表明する。ここに軍務局改編の意思をはっきりと見てとれるであろう。すなわち、昭和一一年五月一二日衆議院予算委員会総会での答弁で、政治への関与について寺内陸相は次のように述べている。

吾々は広義国防の見地の上に立ちまして、直接軍事以外のことでも之を研鑽し、研究をし、意見を互に闘はし、殊に軍政の衝に当ります陸軍省に於きましては、関係者が是等に付て十分に研鑽を遂げ、私の完全なる輔佐を為すと云ふことは、当然のことでございます*45。

あるいはまた、

吾々が広義国防の上に付て必要なることを研究することは、一向差支ないのであります。又しなければならぬのであります。さうして特に此軍政に携はる所の陸軍省の者は、之に付ては十分研究しなければならぬものと思ひます。唯政治関与の形式が陸軍大臣を通じてやるのであると云ふことを申したのであります*46。

五月一八日貴族院本会議での寺内陸相の答弁も以下のようであった。

我々軍人と雖《いえど》も国民として政治に関心を持つことは当然であります。殊に軍政の整理に関係する所の諸官衙、例へば陸軍省の如きものに於きまして、それ〳〵国防上の見地から広く研究し、又之に関して関係各省と論議する如き政治干与は当然でありまして、是等は御説明申すこともないことと実は存じて居るのであります*47。

ここでは陸相の政治活動を補佐する政策幕僚として陸軍省を位置づけているが、その任務を中心的に担う部局として想定されているのは軍務局であるのは当然であろう。

二・二六事件の後、永田の系統に連なる人々（いわゆる統制派）が陸軍の主流を占めるが*48、彼の構想をより進める形で軍務局の改編を含む陸軍省官制改正が昭和一一年七月に行われたと考えられる。右に見た同年五月の寺内陸相の議会答弁もそうした文脈の中に位置づけられるであろう。結果として、陸軍において政治活動にたずさわり得るのは、軍務局の特定の課、班に限定されるという制度が確立されたのである*49。それは二・二六事件で頂点に達した青年将校運動など、正規のルート以外での陸軍の政治活動を抑えることとなった*50。

昭和戦前・戦時期に軍務局軍事課高級課員を経て軍務局長をつとめた武藤章は、永田の衣鉢を継いだ一人であり、二・二六事件直後の軍務局で事態収拾の中心にいた人物だが*51、軍人の政治関与への非難に対して、戦後の回想の中で軍務局の仕事の意味を論じて次のように述べている。すなわち、陸相は国務大臣として政治を行うが政治は閣議だけではものにならず、事務化され実行に移されねばならない、この事務化、実行には他省との相談や議会との交渉が必要になるが、それを担うのが軍務局である、それは政治ではなく政治的事務であるが、どうしても何人かがやらねばならないことであるというのであった*52。

昭和一一年七月の官制改正によって政治担当機能を強化した軍務局、すなわち軍事課、軍務課の二課構成の同局を率いて対米英開戦をはさむ約二年半の間、軍務局長をつとめた武藤によって、陸軍の政治介入における軍務局の役割が語られているといえよう。永田が構想し寺内が明らかにした政策幕僚としての軍務局は、こうして陸軍の政治担当部局の役割を果たしていくのである。

第三節　昭和一一年七月陸軍省官制改正の結果

政治介入の明文化

昭和一一年七月の陸軍省官制改正や二・二六事件以前から、こうした陸軍の政治介入の制度的強化への意志があったことは、その官制改正によって新たに定められた軍事、軍務両課の管掌事務を詳細に検討していくことによっても理解できる。

大正一五年九月改正の官制及び昭和一一年七月改正の官制による軍務局軍事課、軍務課の管掌事務は表1の通りである。大正一五年改正の官制に定める軍事課の管掌事務のうち、「戒厳に関する事項」は昭和一一年の改正で兵務局防備課へ、「儀式、礼式、服制及徽章に関する事項」は同局兵務課へ移管された。残りの事務のうち、「演習及検閲に関する事項」「団隊配置に関する事項」はそのままの字句で、「陸軍建制及平時戦時の編制に関する事項」は「陸軍建制並に平時戦時の編制及装備に関する事項」として、「戦時の諸規則に関する事項」は「戦時諸規則に関する事項」として軍事課に留めておかれた。一方、旧軍事課の業務のうち軍務課に移されたのは、「外国駐在員、留学将校、同相当官及部隊付外国武官に関する事項」と「国際的規約に関する事項」である。

注目すべきは、軍事、軍務両課の管掌事務として、昭和一一年七月の官制改正で新たに明文化された以下のような事項である。

軍事課（陸軍省官制第一二条）

一　陸軍軍備其の他一般陸軍軍政に関する事項

三　陸軍予算の一般統制に関する事項

四　航空兵の本務及教育、航空関係の兵器及技術其の他航空に関係ある事項の統括に関する事項

軍務課（同一三条）

一　国防政策に関する事項

四　満洲国の軍事其の他之に関連ある事項

五　満洲国以外の外国の軍事に関する事項

六　帝国議会との交渉に関する事項

七　国防思想の普及及思想対策に関する事項

枢密院での審査段階では、これら新たに明文化された事項に関して次のような説明が行われていた。まず「陸軍省官制改正案説明案」の別紙「逐条説明」では、第一二条の軍事課について「現に所掌しあるも

官制上不明瞭なるを以て之を明確ならしむる為、陸軍軍備其の他一般陸軍軍政、陸軍予算の一般統制に関する事項を加ふ」とある*53。さらに枢密院本会議での審査報告では、軍事、軍務両課について以下のように述べられている。

両課の所掌事務として掲ぐるものの中には現行規定に存せざるものあるも、当局の説明に依れば、其は従前と雖現行規定の解釈に依り事実上関係局課に於て処理したる事項を今回官制上に明記したるに止まるものにして、此の改正に因り新なる事項を追加するに非ず。従て茲に新に掲げたるものあるを利用して今後事務の範囲を拡張することあるべき旨意に非ざる旨当局は言明したり*54。

また、この部分の真意を問う上山満之進枢密顧問官の質問に対して、村上書記官長は「御質問の点は新第十三条の規定に関するものなるが、同条中には国防政策に関する事項等従来の規定中に無かりし条項を掲げたるを以て、之を当局に質したるに、此等の事項は従来処理せざりしものに非ず、今回の改正に当り只之を明記したるに過ぎざる旨の答弁ありたり」と答えている*55。

軍事課の管掌事務として「陸軍軍備其の他一般陸軍軍政に関する事項」「陸軍予算の一般統制に関する事項」、軍務課の管掌事務として「国防政策に関する事項」「帝国議会との交渉に関する事項」など、陸軍の政治介入に関係する事項がこの機会に一気に官制に明文化された。それに関して陸軍当局は、この改正以前から陸軍省官制の解釈によって事実上、関係局課すなわち軍務局軍事課において処理してきた事項を、今回改めて明文化しただけであるという立場をとったのであった*56。

制度化の準備

昭和一一年七月の改正によって陸軍省官制に新たに条文化された軍事、軍務両課の管掌事務は、従前から軍事課で担当していた事項であるという陸軍当局の説明は、官制改正に先立つ時期の軍事課内各班の業務分担を見れば理解できる。内規あるいは従来の慣行に従って分けられていた*57各班に、政治に関わる事項を担当させていたことに注意が必要であろう*58。

昭和七年九月、同九年九月、同一〇年九月時点の軍務局軍事課内の業務分担を「陸軍省各局課業務分担表」から抜粋すると表2のようになる*59。業務の内容に応じていくつかの班に分かれているのがわかる。

表2 「陸軍省各局課業務分担表」中の軍務局軍事課［昭和七年九月］

主任者	業務
村上中佐	課内業務の統制に関する事項 軍事課関係の人事に関する事項 政策に関する事項
鈴木(宗)中佐 青木中佐 井出少佐 園田少佐 眞田大尉 谷川大尉	陸軍建制に関する事項 平時戦時の編制に関する事項 官制及之に準ずる諸条例 団隊配置に関する事項 議会に関する事項 戦時の諸規則に関する事項 動員召集に関連する事項 戦時部隊に関する事項 軍需品の整備補給に関連する事項 馬、兵器に関連する事項
綾部少佐 西浦大尉	予算及会計経理に関する事項 土地建物に関する事項 出張に関する事項

鈴木（貞）中佐 原中佐 松谷大尉 （国分少佐） （石井事務官）	外交に関する事項 外国駐在員、留学将校同相当官、外国差遣者に関する事項 外国武官同学生に関する事項 国際的規約に関する事項
国分少佐 （井出少佐）	戒厳に関する事項 軍機保護に関する事項 教育演習に関する事項 検閲検査に関する事項 儀式礼式服制及徽章に関する事項 会議に関する事項（軍事課関係） 帝大聴講生及外国語学校依託学生に関する事項 各班に属せざる一般軍事に関する事項
松谷大尉 石井事務官	機秘密図書に関する事項 庶務

〔昭和九年九月〕

主任者	業務
土橋中佐	課内業務の統制に関する事項 軍事課関係の人事に関する事項
吉田少佐 眞田少佐 島貫大尉 花本大尉 松谷大尉	陸軍建制に関する事項 平時戦時の編制に関する事項 官制及之に準ずる諸条例 団隊配置に関する事項 議会に関する事項 戦時の諸規則に関する事項 動員召集に関連する事項 戦時部隊に関する事項 軍需品の整備補給に関連する事項 馬、兵器に関連する事項

高嶋少佐 松下大尉	予算及会計経理に関する事項　出張に関する事項 土地建物に関する事項
久野村中佐 （原中佐）	戒厳に関する事項　儀式、礼式、服制及徽章に関する事項 軍機保護に関する事項　会議に関する事項（軍事課関係） 教育演習に関する事項　帝大聴講生及外国語学校依託学生に関する事項 検閲検査に関する事項
原中佐 大城戸中佐	外交に関する事項 外国駐在員、留学将校同相当官、外国差遣者に関する事項 外国武官同学生に関する事項 国際的規約に関する事項
大城戸中佐 秋永少佐 平井主計 増田大尉	満洲に関する事項（他の班に属する事項を除く）
土橋中佐 池田少佐 田中少佐 田村少佐	政策に関する事項
花本大尉 石井事務官	庶務　各班に属せざる一般軍事に関する事項 機秘密図書に関する事項

〔昭和一〇年九月〕

主任者	業務
武藤中佐	課内業務の統制に関する事項 軍事課関係の人事に関する事項
吉田少佐 田村少佐 眞田少佐 島貫大尉 花本大尉 松谷大尉 牧大尉	陸軍建制に関する事項 平時戦時の編制に関する事項 官制及之に準ずる諸条例 団隊配置に関する事項 議会に関する事項 戦時の諸規則に関する事項 動員召集に関連する事項 戦時部隊に関する事項 軍需品の整備補給に関連する事項 馬、兵器に関連する事項
高嶋少佐 松下大尉	予算及会計経理に関する事項 土地建物に関する事項 出張に関する事項
山崎大尉 （有末少佐）	戒厳に関する事項 軍機保護に関する事項 教育演習に関する事項 検閲検査に関する事項 儀式、礼式、服制及徽章に関する事項 会議に関する事項（軍事課関係） 帝大聴講生及外国語学校依託学生に関する事項
影佐中佐 有末少佐	外交に関する事項 外国駐在員、留学将校同相当官、外国差遣者に関する事項 外国武官同学生に関する事項 国際的規約に関する事項

影佐中佐 片倉少佐 平井主計正 増田大尉	満洲に関する事項（他の班に属する事項を除く）
武藤中佐 池田中佐 吉野主計正 田村少佐	政策に関する事項
牧大尉 石井事務官	庶務 機秘密図書に関する事項 各班に属せざる一般軍事に関する事項

昭和一一年七月の陸軍省官制改正で軍務課、軍事課の管掌事務として新たに規定された事項と官制改正以前の軍事課内各班の担当業務との関係は次のように考えられる。

軍務課

第一三条第一項　国防政策に関する事項

昭和七年九月時点では軍事課高級課員（村上啓作中佐）の担当となっていた「政策に関する事項」は、同九年九月時点では単独の班の業務となっている。この政策班の設置は昭和九年三月に軍務局長に就く永田鉄山少将のイニシアチブによる*60。永田の下で同班の池田純久少佐が国家革新の企画、立案に手腕を発揮した。池田はこの班がのちに軍務課に発展したと記している*61。先の覚書に見た永田の構想は、まずは軍事課内の班として実現されたのであった*62。ちなみにここでいう「国防政策に関する事項」とは、軍以外の各省の関係する国防に関わる事項ということである*63。

第一三条第五項　満洲国以外の外国の軍事に関する事項

鈴木貞一中佐などが班長をつとめた外交班の「外交に関する事項」が軍務課の本事項となったのだろう。鈴木によれば外交班は中国関係と欧州関係に分けられていて、満洲事変後、満洲班（鈴木によれば満蒙班）を別につくったという*64。有末精三の回顧する昭和一〇年八月から一年間の外交班での欧州関係の仕事は、駐在員を通しての諸外国の軍事情報の収集、日独防共協定の交渉、外務省や海軍と協議しての帝国外交方針の起案、北満鉄道買収に伴うソ連との交渉、冀東密貿易の調査、駐日外国武官との交流などであり*65、上記業務分担表中の同班の分担業務の通りである。

第一三条第四項　満洲国の軍事其の他之に関連ある事項

満洲事変を受けて鈴木の主導で設けられた満洲班の「満洲に関する事項」が新たに陸軍省官制に明記されてこのような表現となったと考えられる。同班は満洲国建設に関する業務に従事していた*66。

第一三条第六項　帝国議会との交渉に関する事項

昭和一一年七月官制改正前の旧軍事課編制班では、議会が始まると班員の一人が議会係として政府委員室に詰めて、議員の質問などに関する情報の収集、想定問答集の作成、速記録の点検にたずさわった*67。同班の分担業務の中の「議会に関する事項」が発展して軍務課の本事項となったと考えられる。

第一三条第七項　国防思想の普及及思想対策に関する事項

今回の官制改正と同時に廃止された陸軍省軍事調査部（官制外の組織）で思想対策を担当していた調査

班の業務を受け継いでいる。最後の調査班長、石本寅三大佐が初代の軍務課長となった*68。

軍事課

第一二条第三項　陸軍予算の一般統制に関する事項

綾部橘樹少佐や高嶋辰彦少佐が班長をつとめた予算班の業務、「予算及会計経理に関する事項」を、より実態に即した表現に改めて陸軍省官制に定めたということであろう*69。政府の財政政策に大きな影響を及ぼすのが陸軍予算であった。軍事課と予算編成との関係は第二章以下で詳しく論じることになる。

第一二条第一項　陸軍軍備其の他一般陸軍軍政に関する事項

旧軍事課の班レベルには見られない種類の分担業務である。軍備のことを中心としつつも「一般陸軍軍政」といえば、対象範囲は非常に広いことになる。極言すれば統帥以外は何でも入るといってよい。軍事課管掌事務筆頭に本事項が入り、軍務局創設以来長くその位置にあった建制、編制に関する事項が後退していくということは、官制上においても軍事課の位置づけが変化したということだろう*70。従来より軍事課が果たしていた軍政における統制、調整の役割をこのような形で明文化することで、陸軍における軍事課の位置を確認したのではないだろうか。また、軍事課から軍務課が派生するにあたって、こうした包括的な管掌を示す事項を官制上の軍事課管掌事務筆頭に置くことにより*71、同課が軍務局の中心であること、あるいは軍務課に対する優位を明示したとも考えられる。

こうして見てくると陸軍が軍務局軍事課の班レベルで、官制に拠らずに進めていた政治関係の業務が、昭和一一年七月の改正時にひとまとめに官制に明文化されたことがわかる。永田鉄山の構想したように、陸軍は政治介入の制度的強化への意思をひとまずは官制改正を必要としない軍事課内班レベルの業務として実現していた。改正後の新軍事課、軍務課の管掌事務はすでにそこに見られた。官制に規定されない形で軍務局の政治化はすでに進んでいたのである。それが二・二六事件を契機に官制に明文化されたことになる。言い換えれば、官制改正の必要のない軍事課内各班の業務分担でまず対応して、官制改正、軍務局改編を準備していたということになる。官制改正を機に一変するというのではなく、すでに進行しつつある変化を制度的に定着させるのが官制改正であったということだろう。

政治介入強化の宣言

昭和一一年七月の陸軍省官制の改正による軍務局改編は、同局を軍事課、軍務課の二課編制とした。そして、軍事課、軍務課の管掌事務として新たに明文化された事項のうち、軍事課の「陸軍軍備其の他一般陸軍軍政に関する事項」や「陸軍予算の一般統制に関する事項」、軍務課の「国防政策に関する事項」や「帝国議会との交渉に関する事項」は、従来の官制に見られる軍務局の管掌事務とは異質の事項であった。それらは軍務局の政治担当機能の制度的強化を示しているといえるが、政治介入の強化は以前から意図されていたものであった。従来は軍事課内班レベルで担われていた陸軍の政治介入に関わる業務が、軍務局両課の管掌事務として二・二六事件後のこの時期に官制に明文化されたのである。

軍務局軍事課、軍務課の正式の管掌事務として官制に規定するということは、閣議、枢密院諮詢、天皇の裁可を経て勅令として公布されることであり、陸軍の政治関係業務を軍務局が担うことを制度的、国家的に承認したことを意味する。この改正の前後に軍務局の軍事課、軍務課双方に勤務の経験がある牧達夫は、この陸軍省官制改正による軍務局の改編、軍務課の新設について、以下のように述べている。

此の制度によって軍の政治発言は陸軍大臣を通じてと言う狭い窓口に一元化されることゝなったが実質に於いては合法（陸軍省官制の改正として法制化された）の形をとって、しかも却って強力なる政治推進を招来するに至った。従って客観的に看れば二・二六事件の発生は爾後軍部内の一元統制的な主導を確立したと共に、他面事件効果の逆用により却って軍の政治に関する一層の進出的段階を結果したと言える*72。

官制の改正、軍務局の改編は、政治行政機構の各構成単位に、そして国民に陸軍の政治介入の意思を明確に伝える意味をもったのではないだろうか。それは陸軍の政治介入強化の宣言ともいえるものであろう。また、政治過程に陸軍とともに関与するその他の組織にとっては、政治的重要性を一段と高めた陸軍と交渉する際の、陸軍側窓口が明示されたことになる。

興亜院政務部長や企画院総裁をつとめた鈴木貞一は、各省と陸軍の中堅層間の連絡について尋ねられたとき、次のように答えている。

大東亜戦争前後になって来ると各省にそういう様に連絡してやるという様な事があり、寧ろ各省から、これは日本の官僚というものの組織が、それは官僚を〔ママ〕じっとみんな見ているわけですよ、そして、力の所在の所に皆な集って来るのですよ。（中略）陸軍が非常な発言権を持って来出したという事になると、陸軍の所にずっと集って来る。それは日本の官僚の組織の特質なんだね。別にこっちが手を伸ばさなくてもね*73。

戦時の政治過程を考察していくときには、軍務局を窓口とした陸軍と他省の関係が重要であろう*74。ちなみにこの官制改正を当時の新聞は次のように評している。

今回の改革の底を流れるものは（中略）陸軍の諸機関を挙げての戦時態勢化への具現である。兵務局の新設によって従来の七局制から八局制になった。形式的な躍進よりも実質的には比較にならぬほどの内容の充実がみられる。軍務局には軍事、徴募、兵務、馬政及び防備の五課であったが、いはゆる広義国防論の観点から軍務局の業務は軍政の中枢に座するだけに広汎多岐となり、就中軍事課の実質的な拡大は優にこれをもつて独立局の制成〔ママ〕を促してやまなかつた。よつてこゝに軍事課以外の四課を分離し単一軍務局の出現となり兵務局の新設となつた*75。

二・二六事件後の状況下、「広義国防論の観点から軍務局の業務」が「軍政の中枢」として「広汎多岐」となったということは、同局が陸軍の政治介入の拠点となったということである。「軍事課以外の四課を分離して」軍事課、軍務課の二課となった軍務局は、形式的には縮小したようだが、実質的には「内容の充実」が図られたのであり、それは政治担当機能の強化ということである。

政治勢力としての陸軍官僚制

戸部良一の言うように、「統帥権独立に代表されるように、政治が軍事に介入することを阻止する制度が厳然と存しながら、軍が政治的影響力を行使することにはなんら制度的な歯止めがなかった」、「軍人が政治関与として禁止されたのは、政治的団体や集会への参加、選挙権と被選挙権の行使などが主要なものであり、政策や予算をめぐる官僚組織としての軍の行動に対する制度的制限規程はほとんどなかった」としたら*76、陸軍省官制改正によって政治関与が軍務局の業務として法制化され、陸相の政策幕僚としての軍務局が制度的に強化されたとき、政党の凋落と対外関係の危機に取り巻かれた二・二六事件後の我が国において、最大の政治勢力となった陸軍の政治介入が強まるのも無理もないことであった*77。その二・二六事件後の陸軍について北岡伸一は、粛軍によって部内の派閥的存在を除去し、政治的軍人を排除してしまった陸軍は「政治性を持つ権力核を排除し、単なる官僚機構に近い存在となっていた」と評している*78。また、陸軍は日本の他の官僚制ときわめて類似した特質を備えていたこと、藩閥、親政党的指導者など非合理的な求心力を排除していったあとに残った二・二六事件後の陸軍官僚制の政治支配は、間接的支配にとどまったことを指摘している*79。

軍部大臣現役武官制を復活させて陸相就任の条件を狭めた上に、粛軍で多数の将官を予備役に編入して陸相に就き得る現役大中将の人数も減らした陸軍においては、強力な官僚制あってこそ、その政治力を維持、拡大できたのである。軍民未分化の藩閥による統制や田中義一、宇垣一成といった親政党的指導者による総合に代わって、官僚機構が陸軍内の、そして陸軍と他の政治勢力との調整の主体となるのであった。間接的支配という特徴を有しながらも、陸軍が最大の政治勢力として政局を牽引した時期の政治過程の解明には、行政機構、官僚組織としての陸軍の考察が欠かせないことになる。

＊註

1　三宅正樹「政軍関係の視角から見た一九三〇年代の日本」（三輪公忠編『再考・太平洋戦争前夜―日本の一九三〇年代論として』創世記、昭和五六年）、五百旗頭真「陸軍による政治支配―二・二六事件から日中戦争へ」（三宅正樹・秦郁彦・藤村道生・義井博編『昭和史の軍部と政治』第二巻大陸侵攻と戦時体制、第一法規出版、昭和五八年）、李炯喆『軍部の昭和史』上・下巻、日本放送出版協会、昭和六二年、北岡伸一「政治と軍事の病理学」、波多野『幕僚たちの真珠湾』、永井和『近代日本の軍部と政治』思文閣出版、平成五年、加藤陽子『模索する一九三〇年代―日米関係と陸軍中堅層』山川出版社、平成五年、戸部良一『日本の近代』第九巻逆説の軍隊、中央公論社、平成一〇年、黒沢文貴『大戦間期の日本陸軍』みすず書房、平成一二年、小林「浜口雄幸内閣期の政党と陸軍」、同「第二次若槻礼次郎内閣期の政党と陸軍」、戸部良一「戦前日本の政治と軍事―統帥権独立を中心として」（『栃木史学』第一八号、平成一六年三月）、纐纈厚『近代日本政軍関係の研究』岩波書店、平成一七年、戸部良一「戦前日本の政軍関係―最近の研究動向から」（『防衛学研究』第三三号、平成一七年一〇月）、加藤陽子「総力戦下の政‐軍関係」（『戦争の政治学』岩波講座アジア・太平洋戦争二、岩波書店、平成一七年）など。明治期以降の我が国における政軍関係の要点をまとめたものとして、三谷太一郎「まえがき」（『近代化過程における政軍関係』年報政治学一九八九）五〜七頁。

2　加藤『模索する一九三〇年代』五〜六頁。

3　三宅「政軍関係の視角から見た一九三〇年代の日本」四四頁、波多野『幕僚たちの真珠湾』九頁。

4　戸部『日本の近代』第九巻逆説の軍隊、二六四頁。

5　加藤『模索する一九三〇年代』二〇九〜二一九頁。

6　五百旗頭「陸軍による政治支配」二六〜二八、三五〜三六、四二〜四四頁、李『軍部の昭和史』上巻、二七〜二九、一四八〜一四九、一六五頁。陸軍がこの方式を採ることは、昭和一一年四月八日の軍司令官師団長会議での寺内寿一陸相の訓示（『東京朝日新聞』昭和一一年四月九日）や昭和一一年五月一日召集、同月二六日閉会の第六九回帝国議会での同陸相の以下の答弁という形で表明されている。五月七日衆議院本会議での答弁（『帝国議会衆議院議事速記録』第六六巻、東京大学出版会、昭和五九年、四九頁）、五月一二日衆議院予算委員会での答弁（『帝国

議会衆議院委員会議録』昭和篇第六一巻、東京大学出版会、平成六年、四七九頁)。

7　北岡伸一は日本における政軍関係の特質は実は陸軍の中国政策における特質であり、陸軍という集団の組織面における特質であったとして、政軍関係の特質を明らかにするためには、陸軍の中国政策の特質をその組織の側面に着目して分析すべきであるとする。そして陸軍の中国専門家(支那通)の果たした役割を総合的に把握することを通して陸軍の中国政策の組織面での特質を明らかにし、ひいては日本における政軍関係の解明につなげようとしている。制度と人事の側面から支那通の地位を考察し、支那通の活動の事例も取り上げるというアプローチがそこで採られた方法であった(北岡「支那課官僚の役割」一～二頁)。政軍関係や陸軍の政治介入を考察するにあたって組織、制度、人事に注目するこの視角(同論文第一節)は参考になった。本章では陸軍の政治担当部局となる軍務局の分析を通して政軍関係や政治介入の問題に取り組んでみたい。なお、纐纈『近代日本政軍関係の研究』一八～一九、五三頁は、政軍関係研究には組織、機構、制度、体制という組織的要因の分析が、組織を運営する政治家、官僚の動向の位置づけとともに重要な課題であるとしている。

8　軍務局を扱ったものとしては上法快男『陸軍省軍務局』芙蓉書房、昭和五四年、がある。同書は興味深い指摘を少なからず含んでいるが、引用の仕方が不明確のため資料として扱うか先行研究と見なすか迷う。参照には注意を必要とするように思う。三宅正樹「社会学と歴史学との対話―筒井清忠『昭和期日本の構想』をめぐって」(『思想』第七三一号、昭和六〇年五月)八一～八二頁も同書の引用に注意を促している。保阪正康『陸軍省軍務局と日米開戦』中公文庫、平成元年、は、その「あとがきにかえて」で二・二六事件後の陸軍の改革として、軍部大臣現役武官制の復活とともに軍務局の改編(軍務課の新設)に触れている(同書三二一～三二三頁)。ただし、昭和一一年七月の陸軍省官制改正までは軍務局は陸軍省内部の行政的業務を主軸としていて政治的集団の空気はなかった、この改正で新たに設けられた軍務課が陸軍の政治的意思を代弁する唯一の機関として機能することになったとしているが（同前、三一一頁）、軍務課のこうした機能はすでに改編前の軍事課内各班によって担われていたのは本書が以下に明らかにする通りである。官制改正を機に一変するというのではなく、すでに進行しつつある変化を制度的に定着させるのが官制改正であった。波多野『幕僚たちの真珠湾』一七頁は、昭和一一年七月の官制改正で新設された軍務課を「陸軍における外交と内政の窓口」と表現している。北博昭『二・二六事件 全検証』朝日新聞社、平成一五年、二〇七〜二〇八頁、もこのときの軍務局の改編については、軍務課の新設に注目して、陸軍の政治進出への意思がうかがえるとしている。ほかにも堀田慎一郎「二・二六事件後の陸軍―広田・林内閣期の政治」（『日本史研究』第四一三号、平成九年一月）二九〜三〇頁が陸軍省による一元的政治介入路線の制度的基盤の整備、陸軍省中心主義の確立として、軍務局改編を含む昭和一一年七月の陸軍省官制改正に言及している。また、筒井清忠『昭和期日本の構造―その歴史社会学的考察』有斐閣、昭和五九年、八二、九五頁、同「昭和期陸軍エリート研究・序説」三〇六頁、大江志乃夫『日本の参謀本部』中央公論社、昭和六〇年、一六〇頁、黒野耐『参謀本部と陸軍大学校』講談社、平成一六年、二〇二頁、同『帝国陸軍の〈改革と抵抗〉』講談社、平成一八年、一六六頁もごく簡単に軍務局の改編に触れている。軍務局を含む陸軍省組織に関する未公刊の研究としては、防衛庁防衛研究所戦史部の伊奈藤夫による「陸軍省の組織」（靖國偕行文庫所蔵、平成元年）があり、同書中の「満州事変・支那事変下の陸軍省」三九七〜四〇一頁が昭和一一年七月の陸軍省官制改正を扱っている。伊奈の記す同書史料集中のまえがきによれば、「本解説書は、陸軍省等の職制、組織及び条例の主要改正時に於ける、その改正要点及び改正理由を明らかにして、戦史研究者にその資を供しよう」とするもので、一、改正の主要事項と公式理由を明らかにすること、二、政治的、軍制的、歴史的背景を明らかにすることを目指している。ただし建軍以来の陸軍組織の変遷を資料に拠ってたどるという一の目的を優先したためか、まえがきでも認めているように二の政治的、歴史的背景の解明については不十分であるのは否めない。昭和一一年七月の官制改正の部分についてもそれはあてはまる。

9 昭和九年一二月から同一二年三月まで軍務局に勤務した経験のある片倉衷は、陸相の政治的発言における政策幕僚の提言の重要性を指摘している（木戸日記研究会・日本近代史料研究会『片倉衷氏談話速記録』上巻、日本近代史料研究会、昭和五七年、三六一、三七〇頁、同下巻、昭和五八年、五二、九八頁）。

10 北岡「政治と軍事の病理学」四八頁、戸部『日本の近代』第九巻逆説の軍隊、二六五～二六六頁。

11『事典昭和戦前期の日本』二八九頁。

12 上法『陸軍省軍務局』四一頁。

13 北岡「支那課官僚の役割」三～四頁。

14 同前、五頁。

15『片倉衷氏談話速記録』上巻、五六頁。そこでの片倉の言葉を借りれば「陸軍省の軍事課といったら、もう、天下の花形（中略）これはもう一番の中心です」ということになる。同下巻一一〇～一一二頁では、軍事課員は尊敬され、羨ましがられたとともに横暴だったと評している。軍事課高級課員、同課長をつとめた岩畔豪雄も「陸軍省の中では軍事課というのは断然光っていました」と述べ、軍事課長の権限の大きさを語っている（木戸日記研究会・日本近代史料研究会『岩畔豪雄氏談話速記録』日本近代史料研究会、昭和五二年、二九頁。本資料は岩畔豪雄『昭和陸軍謀略秘史』日本経済新聞出版社、平成二七年、として復刻されている）。

16「軍事課の歴史」（「片倉衷関係文書」六八九、国立国会図書館憲政資料室所蔵）一七頁。本資料は軍事課付事務官であった貝塚豊吉が昭和初期にまとめた記録に補修を加えたもので、表紙には「昭和十年六月参版」と刻されている。一部を省略した形で上法『陸軍省軍務局』五四九〜五八〇頁に付録として掲載されている。

17　昭和五年から七年にかけて軍務局長をつとめた小磯国昭は、同局長、軍事課長について、「局長は省内事務の統一調整を任務とする次官の補佐役的立場に立ちながら、他の局長と同様、直接大臣の指揮統制下に勤務し、特に外部との折衝に任ずる役であった。そして局内の軍事課は局長の最も近い幕僚機関で、諸企画の検討や外部との下交渉は軍事課長が担任するのを慣行としてゐた。自然、軍務局長の地位は軍事課長の地位と共に、陸軍省内では重要なものとされてゐた」と述べている（小磯国昭『葛山鴻爪』小磯国昭自叙伝刊行会、昭和三八年、四九六〜四九七頁）。

18　筒井「昭和期陸軍エリート研究・序説」三〇六頁。上述のように筒井はその理由を「軍務局・軍事課（予算班）が全陸軍の予算編成権を握っていたからである」とする。また、高橋正衛『昭和の軍閥』中央公論社、昭和四四年、四三〜四四頁も、軍務局軍事課は陸軍の中枢であり、全陸軍の政治的判断、決定、実行をここで行うとしている。

19　内閣官報局・内閣印刷局編の『明治年間法令全書』『大正年間法令全書』『昭和年間法令全書』（いずれも原書房）の各巻から抜粋した。兵部省時代など内閣官制以前を含む陸軍省組織の変遷の概要は、秦郁彦編『日本陸海軍総合事典』第二版、東京大学出版会、平成一七年、中の「陸海軍中央機関の制度変遷」四九五〜五〇五頁にまとめられている。そこでは各年の官制改正の大要を述べ、その中で軍務局や軍事課の改編についても簡単に触れている。

20　松下芳男『改訂明治軍制史論』下巻、国書刊行会、昭和五三年、一〇五〜一〇六頁によれば、陸軍は参謀将校養成のためドイツ陸軍からメッケルを招聘したが、それに合わせてドイツ軍制の導入に取り組んだ時期に、ドイツを中心とする諸国の軍制書の翻訳、紹介を相次いで行った。陸軍軍制のドイツ模倣、ドイツ軍制書の翻訳は日清戦争（明治二七〜二八年）の頃をもって終ったということなので、明治二九年の官制改正で軍事課の管掌事務から「図書及翻訳に関する事項」が消える（省内他の局課の管掌事務にもそれに相当する字句は見当たらない）のと対応している。

21 山崎正男「陸軍軍制史梗概」（石川準吉編『国家総動員史』資料編第九巻、国家総動員史刊行会、昭和五五年）七九八頁。山崎のこの論考は森松俊夫監修・松本一郎編・解説『「陸軍成規類聚」研究資料』緑蔭書房、平成二一年、にも収録されている。

22 参謀本部の組織的完成については、日露戦争の戦訓を取り入れた明治四一年一二月の参謀本部条例の改正によると秦郁彦は述べている（秦郁彦『統帥権と帝国陸海軍の時代』平凡社、平成一八年、一四一頁）。

23 『日本陸海軍総合事典』第二版、五〇三頁。

24 同前。

25 防衛庁防衛研修所戦史部『戦史叢書陸軍軍戦備』朝雲新聞社、昭和五四年、一四六頁、牧達夫「軍の政治干与と国内情勢」（木戸日記研究会・日本近代史料研究会『牧達夫氏談話速記録』日本近代史料研究会、昭和五四年）一六三頁。牧は当時軍事課勤務の大尉。

26 アジア歴史資料センター C01004138700。この段階では軍事課、軍務課ではなく、「第一軍事課」「第二軍事課」という名称が使われている。

27 国立公文書館所蔵、アジア歴史資料センター A03034208900。

28 七月二三日の枢密院本会議可決、翌二四日の上奏裁可の後、「陸軍省官制改正案説明案」と同じ内容でより簡略化された文章が、改正の要点として陸軍省から当局談の形式で新聞に発表されている。そこには「陸軍省官制改正案説明案」に別紙として添付されていた「陸軍省局課編合表」もそのまま付されている（『東京朝日新聞』『読売新聞』『東京日日新聞』など各紙の昭和一一年七月二五日の記事）。このことから「陸軍省官制改正案説明案」は陸軍当局によって作成されたものと推測できる。

29「陸軍省官制中改正ノ件　昭和十一年七月二十三日決議」。陸軍省官制の条文については表1の昭和一一年七月改正の部分を参照のこと。

30 同前。

31『枢密院会議議事録』第八五巻昭和篇四三、東京大学出版会、平成七年、一二二頁。

32 同前、一二六頁。

33 上法『陸軍省軍務局』三六八頁。

34 梅津美治郎刊行会・上法快男編『最後の参謀総長梅津美治郎』芙蓉書房、昭和五一年、二二三頁。山崎正男の記録による。

35 木戸日記研究会・日本近代史料研究会『西浦進氏談話速記録』上巻、日本近代史料研究会、昭和四三年、五一頁。本資料（上・下巻）は西浦進『昭和陸軍秘録―軍務局軍事課長の幻の証言』日本経済新聞出版社、平成二六年、として復刻されている。西浦は昭和六年から九年、一二年から一六年、一七年から一九年と陸軍省軍務局軍事課に編制班、予算班の課員、予算班長、高級課員、軍事課長として在籍した。

36 この軍務局改編は、行政学で論じられている官僚の行動様式に関するモデルのうち、ダンリーヴィーの組織形整モデルに該当するのではないだろうか。真渕勝は同モデルについて次のように説明している。「組織形整の結果、行政機関の規模は縮小し、予算額も小さくなるかもしれない。しかし、官僚は、そのような犠牲を払っても、雑事に煩わされることの少ない組織で、刺激的な仕事に取り組みたいと考えている」。関連して真渕は、予算規模は小さくても他の行政機関に対して強い影響力をもつ、あるいは政治権力に近い、いわば「おもしろい」仕事をさせてくれる行政機関に有能な人材が集まる傾向があると述べている（真渕勝『官僚』社会科学の理論とモデル八、東京大学出版会、平成二二年、九一～九二頁）。軍務局軍事課はその一例ではないだろうか。

37　加藤陽子「二・二六事件と広田・林内閣」（井上光貞・永原慶二・児玉幸多・大久保利謙編『革新と戦争の時代』日本歴史大系普及版一七、山川出版社、平成九年）一〇九～一一〇頁、同『模索する一九三〇年代』二一五～二一六、二二一～二二二頁。

38　「国防の根本義」（「真崎甚三郎関係文書」二〇五四‐一二、国立国会図書館憲政資料室所蔵）。陸軍の名入罫紙に永田独特の右肩下がりの文字で記されている。日付、宛先は付されていない。真崎の筆によるのであろう「永田鉄山の書」、「岩渕君に貸しありし物を昭和二十九年三月二十七日持永君持参」という書き込みがある。「岩渕」はジャーナリストの岩淵辰雄、「持永」は東京憲兵隊長をつとめた持永浅治であろう。真崎が永田から直接受け取ったか、何らかの方法で入手した本資料を、戦後のいわゆる皇道派史観による著述のために岩淵に貸与したものか。その点で本資料の内容は、真崎らから見れば永田の考えの核心にあたるとみなされていたのであろう。本資料を引用した研究はすでにいくつか見受けられる。たとえば、堀田「二・二六事件後の陸軍」三〇頁、須崎愼一「総力戦理解をめぐって―陸軍中枢と二・二六事件の青年将校の間」（赤澤史朗・粟屋憲太郎・豊下楢彦・森武麿・吉田裕編『総力戦・ファシズムと現代史』年報・日本現代史三、現代史料出版、平成九年）六六～六七頁、川田稔「総力戦・国際連盟・中国―永田鉄山と浜口雄幸」（『思想』第九八一号、平成一八年一月）六五～六六頁など。しかし、これらの論文は本資料の意義や背景の理解、執筆時期の推定などの点で不十分さを免れていない。資料全文をよく吟味した上で、他の資料との関連づけなどが必要であろう。

39 伊藤隆・佐々木隆・季武嘉也・照沼康孝編『真崎甚三郎日記』第一巻、山川出版社、昭和五六年、一三三頁。堀田慎一郎「岡田内閣期の陸軍と政治」(『日本史研究』第四二五号、平成一〇年一月)三五頁は、永田の上記覚書をこの真崎訪問の際に提出されたものとしているが、のちの軍務課とのつながりを指摘するとともに、昭和九年一二月の第六五回帝国議会での林銑十郎陸相の発言との関連を指摘している。

40 明治憲法体制の多元的統治機構の下で、昭和戦前期の我が国が政治的統合の困難に直面していたことについては、すでに先行研究によって指摘がなされている。こうした指摘とそれらについての筆者の見解は、大前『昭和戦前期の予算編成と政治』にまとめた。

41『東京朝日新聞』昭和九年三月一九日掲載の「大国策審議機関　陸軍で設置決定　内外の具体策を確立」という見出しの記事は、永田のこうした構想が漏れ出たものと思われる。記事には、陸軍は国策審議の調査機関を設置して、内外の諸問題に関して陸軍を代表して発言する陸相に具体案を提供することを目指しているとあり、三月五日付で就任した「永田軍務局長をして実質上の主さい《〔ママ〕》者たらしめ」るとある。実際には後述するように軍務局軍事課に政策班が設置された。

42 片倉衷『片倉参謀の証言　叛乱と鎮圧』芙蓉書房、昭和五六年、二八～三五、一五九～一六二頁。

43 片倉らのグループについて、秦郁彦『軍ファシズム運動史』復刻新版、河出書房新社、平成二四年、九九頁は、永田を中心とするグループの下にあり、統制派の行動隊的存在と見なし、李『軍部の昭和史』上巻一〇九頁も、永田を中心とする統制派の下部組織のような存在で、より具体的な政治的プランをもった実務的グループと位置づけている。このことに関連する片倉自身の記述は『片倉参謀の証言　叛乱と鎮圧』三〇～三五、四八～四九頁、談話は『片倉衷氏談話速記録』上巻、三三四～三三七頁、同下巻、二一六～二一八頁、永田鉄山刊行会編『秘録永田鉄山』

芙蓉書房、昭和四七年、九二〜九三頁。また、『日本陸海軍総合事典』第二版六九八頁は両グループの名簿を掲げ、合わせて統制派としている。

44「国防の根本義」中に永田が記した軍事調査委員長の人事の運用については、昭和八年八月一日付で永田に近い東條英機少将がその地位に就いている。

45『帝国議会衆議院委員会議録』昭和篇第六一巻、四五二頁。

46 同前、四七九頁。衆議院予算委員会での寺内陸相のこれらの答弁は、当時の論壇でも注目、言及されている。たとえば馬場恒吾「議会政治の展望」（『改造』昭和一一年六月号）九二頁。

47『帝国議会貴族院議事速記録』第六二巻、東京大学出版会、昭和五九年、一〇八頁。この答弁については、紫法師「政界展望」（『日本評論』昭和一一年七月号）一〇四頁、和田日出吉「其の後の軍部」（同前昭和一一年八月号）二五〇頁で取り上げられている。

48 二・二六事件直後、広田内閣期の陸軍については、中堅幕僚を重視する見解（秦『軍ファシズム運動史』復刻新版、一七五、一八一〜一八二、一八八〜一八九頁、五百旗頭「陸軍による政治支配」二一〜二六、二九〜三六頁、筒井『昭和期日本の構造』九三〜九七、二六三〜二六五、二六九〜二七〇頁、加藤『模索する一九三〇年代』一八二〜一八七、二一二〜二一四、二一八、二二五、二五二〜二五三頁）と、それへの批判として梅津美治郎次官ら上層部の主導権を強調する説（堀田「二・二六事件後の陸軍」二六、二九〜三〇、三七、四五頁）がある。ただし、中堅層主導をとる場合でも梅津次官の存在を高く評価し（五百旗頭「陸軍による政治支配」二〇、三七〜三八頁、筒井『昭和期日本の構造』九四頁）、また粛軍が一段落するまでは中堅層は寺内陸相、梅津次官の首脳部に協力したと見る（加藤『模索する一九三〇年代』一八七頁）。堀田の批判は秦、五百旗頭や加藤のいう中堅層＝石原派と見立てて（堀田「二・二六事件後の陸軍」二六頁）行われている。確かに五百旗頭は当時の陸軍省では梅津を除けば軍務局長や有力課長、課員はほぼ石原支持者であったとして（五百旗頭「陸軍による政治支配」三三頁）、石原莞爾の影響力の大きさを強調しているが（同前、二二〜二三、二九〜三七頁）、加藤のいう中堅層（加藤『模索する一九三〇年代』一八三頁の表8参照）は必ずしも石原の信奉者に限っているわけではなく、むしろ堀田のいう「統制派主流」をなす、すなわち梅津次官の下にある存在と考えられているのではないか。石原の過大評価は是正するとしても、彼以外の多数の中堅幕僚の位置を判断しなければならないだろう。なお、秦『軍ファシズム運動史』復刻新版は石原の中堅幕僚層への影響力の大きさを述べながらも（一八二頁）、中堅層と石原グループは分けて考えているようである（一八一〜一八三、一八七頁）。一方、加藤のいう「陸軍中堅層」については、松浦正孝が疑問を呈している（松浦正孝「加藤陽子著『模索する一九三〇年代—日米関係と陸軍中堅層』」（『国際政治』第一〇九号、平成七年五月）二〇四頁）。また、梅津次官の果たした役割は、確実な資料に基づいてより明確にする必要がある。たとえば昭和一一年七月の陸軍省官制改正についても、『最後の参謀総長梅津美治郎』二一六〜二一八頁で今岡豊（当時参謀本部付勤務の大尉）は、この改正には陸軍省、参謀本部の枢要な職務を経て、当時陸軍次官の地位にあった梅津美治郎中将の意見が多く盛られている、陸軍省機構の改正は梅津のイデオロギーで行われたと述べているが、梅津自身は日記、メモなどを残さなかったという（同書八一頁）ので断定は容易でないだろう。

49　牧「軍の政治干与と国内情勢」一五九頁。

50　片倉衷は、二・二六事件以前の時期に、政治への関与は命令をもって政治に関与しろと言われたものだけが行うのであり、それは陸相のスタッフとしての軍務局であるという見解を青年将校に示したところ、幕僚ファッショだとして反発をまねいたと語っているが（『片倉衷氏談話速記録』上巻、三六六頁、同下巻、五一頁）、昭和一一年七月の官制改正はそのような見解を制度化したものといえよう。

51　永田と武藤の関係については、武藤章『比島から巣鴨へ―日本軍部の歩んだ道と一軍人の運命』中公文庫、平成二〇年、二六～二七頁、有末精三『政治と軍事と人事―参謀本部第二部長の手記』芙蓉書房、昭和五七年、一一七頁。二人は揃って一夕会に参加し（筒井『昭和期日本の構造』一六二～一六九頁、稲葉正夫「永田鉄山と二葉会・一夕会―軍近代化の推進力」（『秘録永田鉄山』四三八～四四〇頁、『日本陸海軍総合事典』第二版六九六頁）、武藤は永田軍事課長を中心とする研究会のメンバーの一人であった（池田純久『日本の曲り角―軍閥の悲劇と最後の御前会議』千城出版、昭和四三年、二〇～二一頁）。西浦進は、武藤は永田の懐刀だったと述べている（西浦進『昭和戦争史の証言』原書房、昭和五五年、三五頁。同書は西浦進『昭和戦争史の証言―日本陸軍終焉の真実』日本経済新聞出版社、平成二五年、として復刻されている）。二・二六事件における武藤については、武藤『比島から巣鴨へ』二七～二九頁、有末精三『有末精三回顧録』芙蓉書房、昭和四九年、三八三頁、大前信也『政治勢力としての陸軍―予算編成と二・二六事件』中央公論新社、平成二七年、第五章第一、二節。昭和六年一月から同九年三月まで軍務局に勤務し、二・二六事件当時は内閣調査局調査官だった鈴木貞一は、同事件以後の陸軍を理解するには武藤の動きを研究する必要がある、武藤は大体永田の思想を受け継いで動いていたと語っている（木戸日記研究会・日本近代史料研究会『鈴木貞一氏談話速記録』上巻、日本近代史料研究会、昭和四六年、三四八～三五〇、三五二頁）。国策研究会の矢次一夫は武藤の知恵袋だったといわれているが（同前、三四九～三五〇頁、木戸日記研究会・日本近代史料研究会『鈴木貞一氏談話速記録』下巻、日本近代史料研究会、昭和四九年、三五四頁）、永田と武藤の関係、二・二六事件直後の武藤について書き記している（矢次一夫『昭和動乱私史』上巻、経済往来社、昭和四六年、一八六～一八八頁）。竹山護夫によれば林銑十郎関係文書中の山岡重厚中将所見メモには、武藤章、影佐禎昭、池田純久、片倉衷の四人は永田の策謀で軍務局に集められたとある（竹山「昭和十年七月陸軍人事異動をめぐる政治抗争（その四）」八九～九〇頁）。竹山は永田を中心に凝集した集団を「軍の合理的な統制を志向する傾向を持つ人々」と述べた上で、「中央部エリート官僚連の思想は殆ど永田のそれの外延上にあった」と評している（竹山「昭和十年七月陸軍人事異動をめぐる政治抗争（その一）」一二〇頁）。

52　武藤『比島から巣鴨へ』七七～七八頁。

53　「陸軍省官制中改正ノ件　昭和十一年七月二十三日決議」。

54　『枢密院会議議事録』第八五巻昭和篇四三、一二二頁。「陸軍省官制中改正ノ件　昭和十一年七月二十三日決議」所収の審査報告に若干の字句の改定が施され、文意がより明確になっている。

55　『枢密院会議議事録』第八五巻昭和篇四三、一二七頁。

56　軍事課管掌事務に航空関係の事項が新たに挿入された（陸軍省官制第一二条第四項）のは、他の新条項とは別の理由による。枢密院審査報告では別に一項を設けて説明している。その趣旨は、陸軍航空の飛躍的進歩に順応するため従来軍務局、兵器局の各課が分担、処理していた事務を陸軍航空本部に移し、ただ航空に関係する事項の統轄に関する事項のみ軍務局軍事課の管掌事務として、陸軍省と航空本部との連絡をとらせるということであった（「陸軍省官制中改正ノ件　昭和十一年七月二十三日決議」）。この点につき、当時の航空本部長畑俊六中将は関連する記述を日誌に書き残している（伊藤隆・照沼康孝編・解説『続・現代史資料』第四巻陸軍　畑俊六日誌、みすず書房、昭和五八年、七一、七四、七六頁）。

57　軍事課勤務の頃についての鈴木貞一の回顧談による。満洲事変勃発を受けて、鈴木は永田鉄山軍事課長と相談し、小磯国昭軍務局長の同意を得て満洲班をつくった（『鈴木貞一氏談話速記録』下巻、三一四、三一八頁）。行政学者の大森彌は現代日本官僚制を論じた中で、行政活動（政策の企画・立案と実施）の中心単位は課であるとした上で、事務分掌規程上は課までしか所掌事務が定められていないが、それ以下に係単位が設置されているのが通常であり、係は課の所掌事務を遂行する分業単位として確立していると述べている（大森彌『官のシステム』行政学叢書四、東京大学出版会、平成一八年、一三九頁）。この係が陸軍省における班と考えられる。

58『日本陸海軍総合事典』第二版四九六頁は、陸軍省の課単位の正確な管掌事項を示すものとして陸軍省処務細則（のちに処務規程）があり、陸軍省の達として出され、大きな官制改革があるとそれに合わせて改正されていくのが通例であったとしている。陸軍省処務細則は『法令全書』によれば、明治一九年三月一日陸軍省達乙第一九号として制定され、以後改正を経て同四三年七月一日陸達第三〇号によって廃止されている。しかし内容は「課単位の正確な管掌事項を示すもの」ではない。明治一九年の同細則（内閣官報局編『明治年間法令全書』第一九巻の二、原書房、昭和五二年、一四八頁）冒頭には、「本省の職制権限事務の分掌は官制に掲示せらるゝと雖も其管理連絡の綱紀を明にせし為め事務取扱の順序を左に開列す」とあり、また明治三六年五月陸達五一号による改正分（内閣官報局編『明治年間法令全書』第三六巻の五、原書房、昭和六一年、一五三〜一五九頁）で見れば、第一章総則、第二章服務、第三章文書取扱となっていて、全四六条の三分の二は文書の取り扱いに関する規定である。同細則を承継したと考えられる陸軍省処務規程は陸普として発簡されている。昭和一二年五月二〇日付陸軍省印刷の陸普第三〇〇〇号「陸軍省処務規程」（「官房陸軍省処務規程改正の件」アジア歴史資料センター C01005039800）によれば、その内容には総則、服務、文書取扱に加えて会議、通信事務、人事取扱、会計経理事務、営繕事務などが加わり全一八章二二一条に増大しているが、各局の課単位の管掌事務を定める条項は見当たらない。第一章総則第一条には「本規程は陸軍省所掌事務の執行及陸軍省と陸軍航空本部間の事務執行に関する事項を規定す」とある。

59 陸軍省印刷「陸軍省各局課業務分担表」昭和七年九月、同九年九月、同一〇年九月（防衛省防衛研究所戦史研究センター所蔵）。表紙に秘もしくは省外秘とあり「本表は本省職員の執務参考に止め省外には配布せざるものとす」と注意書が付されている。

60『秘録永田鉄山』三五四頁。同書九三頁の片倉衷の証言も参照のこと。なお片倉は別の談話では、自身を含む省部の若手将校がまとめた前出の「政治的非常事変勃発に処する対策要綱」と関連して政策班の設置を求めたように語っている（『片倉衷氏談話速記録』上巻、三三六頁、下巻、二七～二八頁）。

61 池田『日本の曲り角』一一、一二頁。池田は自らを政策班長と表現しているので、「陸軍省各局課業務分担表」の政策班の箇所に高級課員の土橋勇逸中佐や武藤章中佐の名前が入っているのは、名目的なものなのだろう。この時期の池田の政策立案活動については、秦『軍ファシズム運動史』復刻新版、八八～八九、九七～九八頁、伊藤隆『近衛新体制―大政翼賛会への道』中央公論社、昭和五八年、五〇～五四、五六～五七頁。片倉衷も軍事課政策班が軍務課に発展したと述べている（『片倉衷氏談話速記録』下巻、九八頁）。

62 伊藤隆・佐々木隆・季武嘉也・照沼康孝編『真崎甚三郎日記』第二巻、山川出版社、昭和五六年、一三七頁には、昭和一〇年九月二八日、真崎に近い憲兵からの情報として「陸軍省内にては大臣は山岡、山下の言を聞く為、軍事課の政策班は無為にして不平を鳴らしつゝあり」という記述が見られる。軍事課政策班が川島義之陸相の下では十分機能していないというとらえ方は、林銑十郎陸相、永田軍務局長の下で設けられた当初の政策班は陸相の政策幕僚として位置づけられていたことを物語っている。ちなみにこの時点の山岡重厚中将は陸軍省整備局長、山下奉文少将は軍事調査部長の地位にあった。

63『西浦進氏談話速記録』上巻、一六七頁。西浦によれば「なんとかの政策に関する事項ということは、全部軍以外のところがやることを管〔ママ〕制上表現する時にはそういう表現を使っている」ということである（同前）。

64『鈴木貞一氏談話速記録』下巻、三一四～三一七頁、同上巻、三五頁。同書下巻三一七頁によると外交班の原守中佐は欧州関係、軍縮問題を担当していた。また鈴木は満洲班初代班長をつとめたと述べているので、満洲班の設置は昭和八年八月鈴木の新聞班長への転任までの間の時期ということになる。『鈴木貞一氏談話速記録』上巻冒頭の「鈴木貞一氏略歴」では「昭和六年一二月満蒙班長」としているが、表2に掲げた昭和七年九月陸軍省印刷の「陸軍省各局課業務分担表」では満洲班はまだ独立していない。この時点ではまだ外交班に包含されていたか。

65有末『有末精三回顧録』三九七～四一五頁。同書で有末は自らを外交班長としている。また有末は同じ時期に軍事課に在籍した影佐禎昭中佐を「軍事課の支那班長（満洲国と中華民国関係）」と記して、満洲国と中国関係の業務を扱っていたとしている（有末精三「影佐禎昭先輩の思い出」（人間・影佐禎昭出版世話人会編『人間影佐禎昭』同会、昭和五五年）二二二頁）。外交班で中国関係業務を扱う者を「支那班長」とも呼んでいたということであろう。昭和一〇年九月時点の「陸軍省各局課業務分担表」には、外交班と満洲班の両方に影佐中佐の名前が出ている。外交班については、ほかに土橋勇逸『軍服生活四十年の想出』勁草出版サービスセンター、昭和六〇年、一三九～一四六、一七一頁参照。

66鈴木貞一が満洲班の初代班員に連れてきた秋永月三に関する記録による（伊藤隆『昭和期の政治〔続〕』山川出版社、平成五年、二二一頁、『鈴木貞一氏談話速記録』下巻、三一五頁）。昭和九年一二月から満洲班所属となった片倉衷も業務について記録を残している（片倉『片倉参謀の証言　叛乱と鎮圧』四六、四九、八三～八四頁、『片倉衷氏談話速記録』上巻、二五七～二六〇、二九〇～二九一、三〇〇頁、下巻、三五～四〇頁）。

67『牧達夫氏談話速記録』二三～二六頁、『西浦進氏談話速記録』上巻、五〇、六六頁。牧は昭和九年一二月から軍

事課編制班で議会係をつとめた。同一四年一二月には軍務課内政（国内）班長に就いている。西浦は新設された軍務課の管掌事務のひとつは「帝国議会に関すること、要するに議会の質問を纏めてくるとかああいう仕事」と表現している（同前、一六七頁）。陸軍予算案の議会提出前には、軍務局として貴衆両院の予算委員や軍籍関係者を招待して陸相官邸で予算内示会を開いている（同前、六五～六六頁）。本書第四章第四節参照。

68『西浦進氏談話速記録』上巻、一六六、一六八頁、『東京朝日新聞』昭和一一年七月二五日。

69『西浦進氏談話速記録』上巻、五六頁。

70 旧軍事課では編制班が「国事軍事の大本に関する事項」を主務としていて同課の本流であった（有末『有末精三回顧録』九〇頁、武藤章（上法快男編）『軍務局長武藤章回想録』芙蓉書房、昭和五六年、六三頁、有末精三の証言）。

71 昭和一一年七月の陸軍省官制改正では第一二条第一項、第三項に「一般」という語句が入るが、表1に明らかなように、この改正以後、軍務局の二課について官制に定める管掌事務の中には、「一般」「基本」「大綱」といったそれ以前の官制にない概括的な字句が目立つようになる。

72 牧「軍の政治干与と国内情勢」一五九頁。

73『鈴木貞一氏談話速記録』上巻、八〇頁。

74 この点に関して、各省において戦時期に総務局の設置が進んだのは、軍と対抗するという政治目的のためであり、軍との交渉力を高めるという意図の下に、陸軍省、海軍省の軍務局に相当する部局、大臣の政治的行動に対する幕僚部として設けられたという牧原出の指摘（牧原出『内閣政治と「大蔵省支配」―政治主導の条件』中央公論新社、平成一五年、四一～四二頁）は興味深い。

75『東京日日新聞』昭和一一年七月二五日。一方、同日の『東京朝日新聞』は、「今回の改正は何も根本的改正という程度のものでなく私設的軍事調査部を官制化し一局を増加した位が要点で他は日常業務の円滑を図る事務的改正に過ぎない」としている。軍事課の班レベルですでに進行していた軍務局の政治化を、官制に規定して制度化したということは、見方によっては「日常業務の円滑を図る事務的改正に過ぎない」のかもしれない。

76 戸部良一「軍閥の成立」(青木保・川本三郎・筒井清忠・御厨貴・山折哲雄編『戦争と軍隊』近代日本文化論一〇、岩波書店、平成一一年)六六頁。

77 当時の論者も早く官制改正以前に、陸相の政策幕僚による政治介入の強化を予想している。政治評論家の馬場恒吾は、先に註記した昭和一一年六月の論説で寺内陸相の議会答弁に言及したあと、以下のように書いた(馬場「議会政治の展望」九二頁)。

常識から考へても、陸軍大臣が政治に干与するならば、その部下がその下準備をなすことは已むを得ないと云へる。陸軍大臣の政治干与はやがて軍人の政治干与になる。それが二・二六事件の如き非合法的勃発になるのがいけないと云ふことには、誰れも異論を挿むまいが、それが合法的に、軍部の威力で政治を圧迫する場合にはどうなるか。これは将来の問題として残る。

78 北岡「陸軍派閥対立(一九三一～三五)の再検討」九五頁。

79 北岡「政治と軍事の病理学」四八～五〇頁。筒井清忠は「昭和の初頭から太平洋戦争開戦へと至る陸軍の内部を振り返ってみますと、陸軍も一つの組織社会であり、官僚制システムであるということ、従って組織と個人をめぐる今日我々がかかえている問題と寸分も違わぬ問題がこの集団をとりまいていたということ」(筒井『昭和期日本の構造』一一五頁)を指摘した。黒沢文貴は、二・二六事件後に陸軍による合法的間接支配が成立すると陸軍は組織としての政治関与が求められるようになり、組織的利害をより重視する官僚機構としての側面が強まったと述べている（黒沢『大戦間期の日本陸軍』三九五頁）。御厨貴も二・二六事件後に陸軍が急速に近代的官僚制になじんでいったと語っている（御厨貴「二・二六事件とは何だったのか」（『環』第二四号、平成一八年一月。のち藤原書店編集部編『二・二六事件とは何だったのか―同時代の視点と現代からの視点』藤原書店、平成一九年、に収録）三五三頁）。また戸部良一は「軍は戦闘組織であると同時に、政府機構の一部を構成する官僚組織でもある。それゆえ、軍が主張する軍事的合理性も組織的利益も、政治権力（政権）の方針や予算の枠内で追求されねばならない。しかし、軍の要求がつねにその枠内に収まるとは限らない。したがって、軍の要求と政権の方針・予算とは、ときに調整不能に陥り、対立・衝突に至る」（戸部「軍閥の成立」五六頁）と記した。こうした構図も昭和戦前・戦時期の政治における軍部の役割を分析していくときに重要であろう。

第二章
陸軍予算編成の制度的枠組み

明治憲法下の予算編成過程

本章では陸軍予算編成の制度的枠組みの提示を試みる。法規に従って陸軍予算編成の手順を述べ、そのあと陸軍内の各部局の予算に関する権限を明らかにする。筆者はすでに大日本帝国憲法の下、内閣レベルでの予算編成過程を説明してその意義を論じた*1。ここではその詳細を繰り返さず、同過程の骨子を示して陸軍部内の予算編成をめぐる諸関係を論じる際の導入とする。

予算編成を規定する国法は憲法第六章会計、会計法、会計規則（勅令）だが、会計規則中に定める予算編成手続を行う以前に各省庁で行うべき手続を規定しているのは、歳入歳出予算概定順序（明治二二年三月二七日閣令第一二号）や予定経費算出概則（明治二二年六月一〇日閣令第一九号）であった。歳入歳出予算概定順序は明治二六年一一月一一日閣令第二号で改正を受けている。陸軍に関係する法令、規則を収録した陸軍大臣官房編『陸軍成規類聚』は、事務処理のため陸軍の各部隊、各機関に配布されていたが*2、その第七類会計経理第一款会計の冒頭に会計法、会計規則を、第七類第二款予算の冒頭に歳入歳出予算概定順序、予定経費算出概則を掲載している*3。陸軍予算の編成においてもこれらが基本法規として陸軍部内で参照されたのである。

これらの法規と慣行に基づく内閣レベルの予算編成は次のような過程をたどる。

一　予算編成方針の閣議決定

二　各省の歳入概算書、歳出概算書の提出

三　大蔵省の各省概算査定と歳入出総概算書の調製

四　予算閣議の開催、歳入出総概算の決定

五　予定経費要求書等の提出と歳入予算明細書の作成

六　大蔵省の歳入歳出総予算作成と閣議提出、上奏裁可

七　予算内示会の開催と予算綱要の発表

八　帝国議会への歳入歳出総予算の提出

以上の予算編成過程を関係機関、準拠法規、期限と実際の時期に注目してまとめると表3のようになる。予算閣議での歳入出総概算の決定を境に二段階に分けられ、各省からの概算の提出、大蔵省の査定、閣議による総概算の決定という前半の手続は歳入歳出予算概定順序に基づくのに対し、後半では会計法、会計規則に従って、閣議決定の概算の範囲内で各省が予定経費要求書を作成して大蔵省に提出、同省によって歳入歳出総予算が調製され内閣を経て帝国議会に送られている。

こうして予算の編成に関して二段階の手続を設定していたのは予算の審議に慎重を期すためであった。ただし、実際には予算閣議を境にそれ以後の手続は議会提出に備える書類の整理など形式的なものとなっており、予算閣議での概算決定に至る前半の過程が予算の裏付けを要する政策の実現の成否を決めること

表３　内閣レベルの予算編成の流れ

手　順	関係機関	準拠法規	規定上の期限	実際の時期
予算編成方針閣議決定	内閣	なし		5月-6月
歳入歳出概算書調製､送付	各省→大蔵省	順序1,2,3,4	5月31日	8月-9月
歳入出総概算書調製､提出	大蔵省→内閣	順序5,6	6月30日	10月末-11月初
予算閣議	内閣	順序7	7月15日	11月
予定経費要求書調製､送付	各省→大蔵省	順序8,法8 規則11,12,13	8月31日	11月末
歳入予定計算書調製､送付	各省→大蔵省	なし		11月末
歳入予算明細書調製	大蔵省	規則10,法8		
歳入歳出総予算調製､提出	大蔵省→内閣	規則6,7,8,法8		12月初
予算内示会	内閣,貴衆両院	なし		12月
歳入歳出総予算の議会提出	内閣→衆議院	法7,憲法65		1月下旬

(備考)憲法:大日本帝国憲法、法:会計法、規則:会計規則、順序:歳入歳出予算概定順序及び明治二六年閣令第二号。数字は条数。

になり、政治的に重要だった。

陸軍予算にひきつけていえば、大蔵省は閣議決定の予算編成方針や大蔵大臣の財政施策、同省の把握する租税収入、国債、金融などの諸事情を勘案して陸軍省提出の概算中、とりわけ新規事業に着目して査定を施し、閣議では大蔵省原案を説明する蔵相だけでなく、我が国を取り巻く国際情勢やそこでの外交政策の観点から論じる外務大臣など内閣総理大臣を含む各閣僚が予算中に占める割合の大きい軍部予算に注文をつけることになる。こうした過程で陸軍の政策も予算の制約を受け、部外からの予算を手段とした統制、調整の対象となるのであった。

さて、陸軍部内での予算を伴う政策の形成過程、予算を手段とする統制、調整という本書の主題に入る。ここでは法規に定める陸軍部内の予算編成手順を明らかにして予算編成に関わる部局間関係を確かめ、さらに陸軍省官制や参謀本部服務規則などが規定する各部局の予算に関する権限を見ることで、陸軍部内の予算を伴う政策形成と予算による統制、調整の制度上の枠組みを提示してみたい。

第一節　法規の定める陸軍予算の編成手順

概算要求の作成

陸軍予算の編成手順に関する陸軍部内の規定としては陸軍省所管予算事務順序（明治二七年三月二六日陸達第二三号）がある*4。大正九年（一九二〇）の改正のあと、昭和期に適用された本達は第一条から第二二条まで（ただし第四、一〇、一一、一四条が削除され、第一九条の二が入っている）あり、第一章総則、第二章歳入歳出概算書、第三章歳入予定計算書予定経費要求書、第四章歳入予算、第五章仕払予算、第六章附則に分かれている。第四、五章は歳入歳出総予算が裁可、公布された後の予算執行に関する規定であり、ここでは予算編成に関わる規定である第二、三章に注目する。その条文は表4の通りである。

第二章歳入歳出概算書（第三条乃至第九条）は上述内閣レベルの予算編成過程の前半、すなわち概算要求、査定、予算閣議での概算決定に対応し、第三章歳入予定計算書予定経費要求書（第一二、一三条）が後半、つまり歳入予定計算書の作成や閣議決定された概算に基づく予定経費要求書の調製、それらの大蔵省への提出に対応しているのは以下に見るとおりである。

表4　陸軍省所管予算事務順序　第二章、第三章

第二章　歳入歳出概算書

第三条

歳入徴収官は毎年所管内歳入の徴収予定額中前年度に比し著き増減を生ずべき見込のものに限り歳入調書を調製し前年度四月三十日迄に経理局長に提出すべし

経理局主計課は前項の歳入調書及其の他歳入見込額を調査し毎年度歳入概算書を調製し前年度五月十日迄に同局長より陸軍大臣に呈出の手続を為すべし

第五条

経理局主計課は毎年度歳出予算の方法《ママ》を起案し前年度四月一日までに経理局長より之を陸軍大臣に呈出すべし

陸軍大臣は前項の予算方案に就き其当否を判定し前年度四月五日までに之を分担の各局課に下付す

第六条

本省各局課は前条の予算方案に基き歳出概算増減額計算書を調製し前条第二項下付の日より十二日以内に之を経理局に送付すべし

第七条

経理局主計課は前条の計算書に基き更に歳出概算増減額計算書を調製し前年度五月二日までに同局長より之を陸軍大臣に呈出すべし

陸軍大臣は前項の計算書を検案し正当なりと認むるときは前年度五月七日までに之を分担の各局課に下付す

第八条

本省各局課は前条の計算書に基き歳出概算書を調製し前条下付の日より十日以内に之を経理局に送付すべし

第九条
経理局主計課は第三条及前条の概算書に基き更に歳入歳出概算書を調製し前年度五月三十一日までに之を陸軍大臣より大蔵大臣に送付の手続を為すべし

第三章　歳入予定計算書　予定経費要求書

第一二条
本省各局課は歳出概算額を内閣に於て決定の旨令達あるときは毎項の概算額内に於て更に予定経費要求書、予定経費要求書各目明細書を調製し前年度七月三十一日までに之を経理局に送付すべし
第一三条
経理局主計課は内閣に於て決定の歳入概算額及前条の要求書各目明細書に基き歳入予定計算書、歳入予定計算書各目明細書、歳入起因に関する法令契約等取調書、歳入予定計算月額金庫区分表及予定経費要求書、予定経費要求書各目明細書を調製し前年度八月三十一日までに之を陸軍大臣より大蔵大臣に送付の手続を為すべし

陸軍省所管予算事務順序第二章、第三章に基づく陸軍部内の予算編成過程は次のようになる。

イ　歳入調書、歳入概算書の調製（第三条）

各省またはその一部局が歳入事務管理庁であり、歳入徴収官が付属してその省主管の歳入を管理していた。陸軍省の歳入徴収官が同省所管の各種歳入に関して歳入調書を作成して、四月三〇日までに同省経理局に提出、それをもとに経理局主計課が陸軍全体としての歳入見込みについて歳入概算書を調製して、同

局より陸相に五月一〇日までに提出するということになる。

ロ　歳出予算方案の決定（第五条）

歳出予算の方針に関して経理局主計課が起案した経理局案は、四月一日までに陸相宛提出されて決裁を得て四月五日までに各局課に伝えられる。歳出面で前出内閣レベルの一、予算編成方針の閣議決定に該当するといえよう。

ハ　各局課による歳出概算増減額計算書の調製（第六条）

歳出予算方案に従って各局課はまず前年度と比べての歳出の増減額を、歳出予算方案下付後一二日以内に経理局に知らせるということである。

ニ　経理局による歳出概算増減額計算書の調製（第七条）

経理局主計課は各局課からの歳出の増減をまとめ、陸軍全体の歳出概算増減額計算書を作成して、五月二日までに陸相に提出、その決裁を経て五月七日までに各局課に知らせることになる。

ホ　各局課による歳出概算書の調製（第八条）

各局課は経理局がまとめ陸相の承認を得た歳出概算増減額計算書の範囲内で、同計算書下付以降一〇日以内に歳出概算書を作成して経理局に送る。

ヘ　経理局による歳入歳出概算書の調製（第九条）

歳入、歳出の概算書をもとに経理局主計課が陸軍全体としての歳入歳出概算書を作成して、五月三一日までに陸相より蔵相に提出する。

ここまでは前出の内閣レベルの二に該当する。大蔵省に提出する歳入歳出概算書には前年度予算と比較して増減の理由を付さなければならないので、陸軍部内でも歳入、歳出ともに前年度からの増減を文書化して各局課に提出させていた。予算は漸変的方法で編成されるのであった。漸変的な予算編成とは、前年度予算が常にたたき台で、それに一定量の上乗せをしたり減らしたりするが、大蔵省主計局は新たな変化部分にのみ注意を払い、現在の要求全体を必ずしも精査することなく査定を行う方法であり*5、時間を費やすのは事情変化に対応する新規事業への考慮だけにして予算手続を単純化するやり方である*6。

特に歳出については経理局主計課起案、陸相承認の歳出予算方案に則った歳出概算増減額計算書をまず各局課に作成、提出させ、経理局主計課が陸軍全体の歳出概算増減額計算書にまとめて陸相が検案した上で、それを再び各局課に降ろして歳出概算書を作成させるという二段階をふんでいるのが目につく。膨張しやすい歳出予算の策定には慎重を期したということだろう。二度にわたる検案を組み入れることは予算による部内統制をより確実にする。

こうして作成された陸軍の歳入、歳出の概算書を大蔵省が査定して、他省の分と合わせて政府全体の歳入出総概算書を形づくっていくという内閣レベル三の過程につながるのである。

議会への提出

ト　各局課による予定経費要求書などの調製（第一二条）

上述四の予算閣議で決まった歳出概算額が通知されると、各局課がその範囲内で予定経費要求書、予定経費要求書各目明細書を作成して経理局に提出する。

チ　経理局による予定経費要求書、歳入予定計算書などの調製（第一三条）

各局課からの予定経費要求書、予定経費要求書各目明細書を総合して経理局主計課が陸軍としての予定経費要求書、予定経費要求書各目明細書を作成、陸相を経て蔵相に送る。これは前出内閣レベル五の段階と重なっている。ここで作成された陸軍の予定経費要求書と各目明細書は歳入歳出総予算に添付して帝国議会に提出され、予算審議に付せられるのであった。

経理局主計課が作成する歳入予定計算書は、前出五の段階で大蔵省が調製して帝国議会に提出される歳入予算明細書のもととなる。会計規則第一〇条は、前年度予算との比較や款項目の区分、各項ごとの増減の理由と計算の根拠を歳入予算明細書中に示すことを求めていた。経理局主計課が作成して大蔵省に送られる歳入予定計算書各目明細書、歳入起因に関する法令契約等取調書、歳入予定計算月額金庫区分表はそのために必要とされたのであろう。

陸軍省所管予算事務順序に定められた以上のような陸軍部内の予算編成過程をまとめると表5のようになる。

まず経理局主計課起案、陸相決裁の歳出予算方案で枠をはめること、歳出に関する各局課案に対して経理局のチェックと陸相の決裁を二度繰り返すことによって陸軍全体の観点からの政策の取捨選択や統制が可能となっている。加えて前年度との増減の比較が重視されていることもわかるだろう。

陸軍部内での各文書の提出、送付の期限を表3の内閣レベルの予算編成過程上の期限と比べると判明するのは、当然のことだが陸軍省所管予算事務順序に定める歳入歳出概算書の陸相より蔵相への提出期限（五月三一日）、予定経費要求書などの陸相より蔵相への提出期限（八月三一日）は、内閣レベルの予算編成におけるそれら書類の規定上の提出期限と合致するということである。

表5　陸軍部内の予算編成の流れ

手　順	関係部署	準拠法規	規定上の期限
歳入調書調製、提出	歳入徴収官→経理局長	順序3	4月30日
歳入概算書調製、提出	経理局長→陸相	順序3	5月10日
歳出予算方案起案、提出	経理局長→陸相	順序5	4月 1日
歳出予算方案判定、下付	陸相→各局課	順序5	4月 5日
歳出概算増減額計算書調製、送付	各局課→経理局	順序6	12日以内
歳出概算増減額計算書調製、提出	経理局長→陸相	順序7	5月 2日
歳出概算増減額計算書検案、下付	陸相→各局課	順序7	5月 7日
歳出概算書調製、送付	各局課→経理局	順序8	10日以内
歳入歳出概算書調製、送付	陸相→蔵相	順序9	5月31日
予定経費要求書 予定経費要求書各目明細書 }調製、送付	各局課→経理局	順序12	7月31日
歳入予定計算書 歳入予定計算書各目明細書 歳入起因ニ関スル法令契約等取調書 歳入予定計算月額金庫区分表 予定経費要求書 予定経費要求書各目明細書 }調製、送付	陸相→蔵相	順序13	8月31日

（備考）順序：陸軍省所管予算事務順序。数字は条数。

しかし、内閣レベルの予算編成で法規上の期限は表3にも示したとおり空文化していた*7。陸軍部内でも陸軍省所管予算事務順序に定める各文書の提出期限は実際と乖離していたであろう。陸軍部内での実際の予算編成の態様、そこでの慣行などは関係者の回想や各年度の実際の予算編成過程の中に見ていかないとわからない。次章以下で検討することになる。

陸軍予算について各局課が作成して経理局がまとめた各文書が大蔵省に提出され、そこでの査定を経て政府全体としての歳入歳出総予算に組み込まれ、帝国議会の審議に送られていて、法規上は陸軍省経理局が陸軍部内における手続上の要となっているのがわかった。しかしこうした制度的枠組みの上で展関する実態はどうだったのか。軍務局軍事課の果たす役割や要求元としての省部各部局との関係などを具体的な事例をもとに確かめていくことで、陸軍における予算を伴う政策の形成や予算による統制、調整の実情がわかるはずである。

第二節　予算についての各部局の権限

法規に定める陸軍内各部局の予算に関わる権限を確認して、陸軍予算編成の制度上の枠組みを補完する。

1、陸軍省

陸軍省経理局の権限

まず、陸軍省所管予算事務順序で陸軍予算編成の要とされた経理局主計課、そして陸軍軍政全体の中核とされる軍務局軍事課について、予算編成業務に関する事務分掌を陸軍省官制に見た上で、「陸軍省各局課業務分担表」をもとにより詳しく業務の分担を確認しておく。

『法令全書』から、明治一九年二月勅令第二号で各省官制の一部としての陸軍省官制が公布されて以降の同官制中の経理局主計課及びそれに相当する課に関する部分を抜粋すると表6のようになる*8。

明治二三年三月の陸軍省官制中、会計局第一課（経理局主計課の前身）の管掌事務を定める第一七条のうち、第二項は「陸軍全部の諸給与及予算決算、会計に係る法規の審査、俸給諸手当旅費給与の法規起案に関する事項」となり、ここに初めて「予算」という字句が入る。同年一一月開設の帝国議会で予算案の審議が始まることに対応したものであろう。以後予算に関する事項は経理局主計課に受け継がれていく。

表6　陸軍省官制中、経理局主計課に関する条文

明治19年2月26日勅令第2号

第22条　会計局は通則に依らず第一課第二課第三課及第四課を置き其事務を分掌せしむ

第23条　第一課に於ては左の事務を掌る

1　監督部軍吏部人員に関する事項
2　監督部軍吏部名簿調整に関する事項
3　監督部後備軍軀員及軍吏部予備役後備軍軀員及其名簿調整に関する事項
4　諸定額に関する事項
5　金銭給与に関する事項
6　支出額仕訳書調整に関する事項
7　出師準備に関する費額調査に関する事項
8　本課の収支命令に関する事項
9　中央司契部金櫃《きんき》審査に関する事項
10　中央司契部の決算帳検査に関する事項
11　出納報告書検査に関する事項
12　決算報告に関する事項
13　簿記証書の様式調査に関する事項

明治20年5月31日勅令第19号

第24条　第一課に於ては左の事務を掌る

1　監督部軍吏部人員に関する事項
2　監督部軍吏部名簿調整に関する事項
3　監督部後備軍軀員及軍吏部予備役後備軍軀員及其名簿調整に関する事項
4　諸定額に関する事項
5　金銭給与に関する事項
6　支出額仕訳書調整に関する事項
7　監督部軍吏部の検閲に関する事項
8　出師準備に関する費額調査に関する事項
9　本課の収支命令に関する事項
10　中央司契部金櫃審査に関する事項
11　中央司契部の決算帳検査に関する事項
12　出納報告書検査に関する事項
13　決算報告に関する事項
14　簿記証書の様式調査に関する事項

明治23年3月27日勅令第51号
第16条　会計局に第一課第二課第三課を置き其事務を分掌せしむ
第17条　第一課に於ては左の事務を掌る
1　監督部、軍吏部の人員士官以上兵籍調整、軍吏部下士以下兵役免除、再服役停止に関する事項
2　陸軍全部の諸給与及予算決算、会計に係る法規の審査、俸給諸手当旅費給与の法規起案に関する事項
3　出師準備に係る費額調査、中央司計部会計事務及帳簿検査、簿記証書の様式調査に関する事項
4　軍吏学校、軍吏部士官下士の補充、教育及各国軍隊給養法調査に関する事項

明治24年7月24日勅令第90号
第7条　陸軍省に左の三局一部を置く
軍務局　経理局　医務局　法官部
第16条　経理局に第一課第二課第三課を置き其事務を分掌せしむ
第17条　第一課に於ては左の事務を掌る
1　監督部、軍吏部の人員士官以上兵籍調整、軍吏部下士以下兵役免除、再服役停止に関する事項
2　陸軍全部の諸給与及予算決算、会計に係る法規の審査、俸給諸手当旅費給与の法規起案に関する事項
3　出師準備に係る費額調査、中央司計部会計事務及帳簿検査、簿記証書の様式調査に関する事項
4　経理学校、軍吏部士官下士の補充、教育及各国軍隊給養法調査に関する事項

明治26年8月30日勅令第91号
第13条　経理局に第一課、第二課、第三課を置く
第14条　経理局第一課に於ては左の事務を掌る
1　陸軍総予算、決算報告及出師準備に係る費額に関する事項
2　諸給与及会計規定の審査に関する事項
3　俸給、諸手当、旅費の規定及簿記、証書に関する事項
4　経理学校及中央司計部に関する事項
5　中央司計部帳簿検査に関する事項
6　監督部、軍吏部の教育、人員、補充及其の士官以上の兵籍に関する事項
7　金銭に係る出納官吏に関する事項

明治29年5月9日勅令第192号
第20条　第一課に於ては左の事務を掌る
1　陸軍総予算決算報告及動員計画に係る費額に関する事項

2 諸給与及会計規定の審査に関する事項
3 俸給諸手当旅費の規定及簿記証書に関する事項
4 監督部軍吏部の教育、人員補充及其の士官以上の兵籍に関する事項
5 金銭に係る出納官吏に関する事項
6 経理学校に関する事項

明治33年5月19日勅令第193号
第18条 経理局に主計課、被服課、糧秣課及建築課を置く
第19条 主計課に於ては左の事務を掌る
1 陸軍総予算、決算報告及動員計画に係る予算纂輯に関する事項
2 諸給与及会計規定の審査に関する事項
3 俸給、諸手当旅費の規定及簿記証書に関する事項
4 監督部、軍吏部の勤務に関する事項
5 監督部及軍吏部の教育補充及其の士官以上の兵籍に関する事項
6 金銭に係る出納官吏に関する事項
7 経理学校に関する事項

明治35年1月29日勅令第12号
第19条 主計課に於ては左の事務を掌る
1 陸軍総予算、決算報告及動員計画に係る予算纂輯に関する事項
2 諸給与及会計規定の審査に関する事項
3 俸給、諸手当旅費の規定及簿記証書に関する事項
4 経理部の勤務に関する事項
5 経理部の教育補充及其の士官以上の兵籍に関する事項
6 金銭に係る出納官吏に関する事項
7 経理学校に関する事項

明治36年4月14日勅令第75号
第14条 経理局に主計課、衣糧課及建築課を置く
第15条 主計課に於ては左の事務を掌る
1 陸軍総予算、決算報告及動員計画に係る予算纂輯に関する事項
2 俸給、諸手当及旅費の規定に関する事項
3 諸給与及経理規定の審査に関する事項
4 経理部の勤務及教育に関する事項
5 経理部の人事及其の人員補充に関する事項
6 金銭に係る出納官吏に関する事項
7 経理学校に関する事項

明治41年12月18日勅令第314号
第18条 主計課に於ては左の事務を掌る
1 軍資運用の研究審議に関する事項

2　経理部の勤務及教育に関する事項
3　経理部の人事及其の人員補充に関する事項
4　歳入歳出及特別会計予算並決算に関する事項
5　仕払予算に関する事項
6　予備金支出、定額繰越、過年度支出、定額戻入及年度開始前支出に関する事項
7　動員予算に関する事項
8　経理部の戦時諸規則に関する事項
9　俸給、諸手当及旅費の規定に関する事項
10　諸給与及経理規定の審査に関する事項
11　金銭に係る経理及出納官吏に関する事項
12　陸軍会計監督部及陸軍経理学校に関する事項

大正7年6月5日勅令第196号
第18条　主計課に於ては左の事務を掌る
1　軍資運用の研究審議に関する事項
2　経理部の勤務及教育に関する事項
3　経理部の人事及其の人員補充に関する事項
4　歳入歳出及特別会計予算並決算に関する事項
5　仕払予算及仕払命令に関する事項
6　予備金支出、定額繰越、過年度支出、定額戻入及年度開始前支出に関する事項
7　動員予算に関する事項
8　経理部の戦時諸規則に関する事項
9　俸給、雇員給、庸人料、諸手当及旅費の規定に関する事項
10　諸給与及経理規定の審査に関する事項
11　金銭に係る経理及出納官吏に関する事項
12　陸軍東京経理部（営繕事務に関するものを除く）及陸軍経理学校に関する事項

大正13年12月20日勅令第337号
第17条　経理局に主計課、監査課、衣糧課及建築課を置く
第18条　主計課に於ては左の事務を掌る
1　軍資運用の研究審議に関する事項
2　経理部の勤務及教育に関する事項
3　経理部の人事及其の人員補充に関する事項
4　歳入歳出及特別会計予算並決算に関する事項
5　仕払予算及仕払命令に関する事項
6　予備金支出、定額繰越、過年度支出、定額戻入及年度開始前支出に関する事項
7　動員予算に関する事項
8　経理部の戦時諸規則に関する事項
9　俸給、雇員給、庸人料、諸手当及旅費の規定に関する事項
10　金銭に係る経理及出納官吏に関する事項
11　本省の諸給与及用度に関する事項

12　陸軍経理学校に関する事項

昭和11年7月24日勅令第211号

第25条　主計課に於ては左の事務を掌る

1　経理部の勤務及教育に関する事項

2　予算及決算に関する事項

3　軍資運用の研究及審議に関する事項

4　動員予算に関する事項

5　予備金支出、定額繰越、過年度支出、定額戻入及年度開始前支出に関する事項

6　経理部の戦時諸規則に関する事項

7　俸給、雇員給、傭人料、諸手当及旅費に関する事項

8　金銭に係る経理及出納官吏に関する事項

9　本省の諸給与及用度に関する事項

陸軍省の部内資料である「陸軍省各局課業務分担表」を見ると、経理局主計課の業務がさらに細分化され、課内の各班で分担されているのがわかる。昭和一一年七月の官制改正前、同一〇年九月の同表中、主計課の部分を抜粋すると表7のようになる*9。

大塚彪雄主計正が主任者筆頭をつとめる班が陸軍予算の編成、帝国議会での審議、予算決定後の執行という予算に関わる全過程、さらには決算まで担当していることがわかる*10。

表7　「陸軍省各局課業務分担表」中の経理局主計課

[昭和一〇年九月]

主任者	業務
森田主計正	経理部の勤務及教育に係る事項 局内庶務に係る事項
岡主計正	同　人事及補充に係る事項 局長、課長の職印並局課印の管守に係る事項
	同　編制及制度に係る事項 局及課内機秘密及普通図書の出納保管に係る事項

	同　人事に関する動員計画に係る事項 陸軍経理学校に係る事項 経理部の戦時諸規則に関する事項 経理部の諸会議に係る事項 主計団に係る事項	局内判任文官雇員の任免進級及昇給の統轄に関する事項 課内判任文官以下の人事に係る事項 物品及経理に関する事項 庶務
大塚主計正 岡崎主計正 澤本主計正 遠藤主計正 伊藤主計	陸軍総予算の編成総括に関する事項 動員予算に関する事項 臨時軍事予算に関する事項 軍資運用の研究審議に関する事項 帝国議会に於ける予算の審議に関する事項 予備金支出及其の事後承諾に関する事項 歳入歳出科目表並解疏に関する事項 科目設置に関する事項 陸軍総決算の調製に関する事項	支払予算の調製送付に関する事項 臨時軍事費の決算並支出認可に関する事項 帝国議会に於ける決算の審査に関する事項 陸軍予算定額の令達、流用増減に関する事項 定額繰越、過年度支出、定額戻入、年度開始前支出に関する事項 諸払戻金及小切手支払未済金償還要求に関する事項 歳入簿歳出簿登記に関する事項 金銭に係る経理及出納官吏に係る事項
高木主計正 （伊藤主計）	俸給予算に関する事項 雑給及雑費予算に関する事項 短期現役兵及自費生諸費予算に関する事項 諸支出金予算に関する事項	其の他主計課分担予算に関する事項 俸給、雇員給、傭人料諸手当及旅費等の規定に係る事項 賞与に関する事項
浅野主計正 田中主計正 山仲主計	本省に係る経費及満洲事件費の支出及歳入徴収の業務に関する事項 主任資金前渡官吏、主任収入官吏に関する事項	行賞賜金の取扱に関する事項 退職賞与支出に関する事項 賜金公債に係る物品会計官吏に関する事項 傷痍軍人扶助賜金業務に関する事項

軍務局軍事課と経理局主計課

ところが昭和一一年七月の陸軍省官制改正では、軍務局軍事課の管掌事務に新たに「陸軍予算の一般統制に関する事項」が加わり、経理局主計課についても「予算及び決算に関する事項」の管掌が規定されて、官制の上では予算に二局二課が関わることになる。軍務局軍事課の陸軍予算案編成への関与については、すでに第一章第三節で言及している。すなわち昭和一一年七月の官制改正以前から軍事課内の予算班が「予算及会計経理に関する事項」を担当していて、それは「陸軍省各局課業務分担表」からわかるのであった。第一章の表1、2を参照してほしい。官制上は昭和一一年七月（八月施行）以降に経理局主計課と軍務局軍事課という陸軍省の二局二課が陸軍予算の編成に関わることになるが、実際にはそれ以前から軍事課も予算編成に関与していた*11。

昭和一一年七月の陸軍省官制改正にあたって作成された陸軍省の内部文書には、これら二つの課が陸軍予算編成にどのように関わるかが以下のように説明されている*12。

主計課の陸軍予算に関する事項とは、陸軍予算の編成即ち年度予算歳入歳出概算書、予定経費要求書の調製及び之に関する財務的統制並に対外部の説明折衝、予算の令達、経費の合法経済的運用に関する事項等を意味するものにして、軍事課の陸軍予算の一般統制に関する事項とは、編制、建制、装備等の軍備其他一般国防上の観点に基き、陸軍予算の編成に関する基礎要綱の立案統制及び各局主管予算の運用に対する統制を行ふ外、陸軍予算と爾他の軍務及国策との調整等を行ふことを意味するものとす。而して両課の業務は密接不可分なるを以て実行に当りては両課協議連帯の上、実施するものとす。

予算編成をめぐる陸軍部内での両課の具体的な関係は、次章以下で関係者の回想などをもとに詳しく述べるが、上記説明が実態に即したものであることがわかるはずである。

2、参謀本部

総務部庶務課の経理業務

帷幄の機関ながら陸軍予算の編成においても無視できない役割を果たすことになるのが参謀本部である。同部に関する法規に陸軍予算に関係する規定はないか、参謀本部條例や関連する規則によって参謀本部内の業務分担を確認したあと、陸軍省・参謀本部間の関係を定める関係業務担任規定を陸軍予算編成の観点から見ることにする。

参謀本部条例については、明治三二年一月一四日勅令第六号による改正で「参謀本部の編制は別に定むる所に拠る」(同条例第六条)こととなり*[13]、このとき以降参謀本部内の部課の編制や各部課の業務分担は公表されなくなる。

これ以前、すなわち明治一一年一二月の参謀本部設置以降、三二年に至る間の同条例では、総務課次いで副官部が参謀本部における会計・経理業務を管掌すると規定されている。表8として参謀本部条例中の関係部分を改正ごとに摘記し、合せて関連規則の抜粋も掲げる。この総務課、副官部の系統が明治三二年一月の参謀本部条例改正に伴い新設される総務部につながるのだが、ここでいう経理業務は参謀本部としての予算要求を意味するというよりも、のちに総務部庶務課に受け継がれるところの参謀本部内での予算の執行、経費の支出などを指すと考えられる。

表8　参謀本部総務課及び副官部の会計・経理業務に関する規定（傍線は引用者による）

明治一一年一二月五日参謀本部へ達（内閣記録局編『法規分類大全』第四六巻兵制門（二）、原書房、昭和五一年、四二三頁）
　参謀本部条例第一四条
　本部長の下別に一課を置き総務課とし以て部内の庶務会計等の事を司らしむ課長副官中少佐の内一人之を総理し課内書記若干員をして人員布令並図籍版刻等を分掌せしめ又会計官をして給料其他諸費計算の事を掌らしむ
明治一八年七月二二日参謀本部へ達（同前、四三八頁）
　参謀本部条例第一九条
　本部長の下別に一課を置き総務課とし以て部内百般の事務を司らしむ課長副官参謀大佐一人次副官参謀中少佐の内一人之を総理す課内に課僚及び書記若干員を置き人員布令通報並図籍版刻等を分掌せしむ
明治一八年一一月一〇日参謀本部より総務課へ達（同前、四六一頁）
　参謀本部総務課服務概則第一条
　総務課の官僚は課長即ち副官及び次副官伝令使課僚書記とす其司どる処は申令移文諸向通報公文記注参謀将校及出仕軍人軍属名簿履歴等の調査並図籍鐫刻《せんこく》印刷部内諸費用部内使役人等の事にして凡て本部の事務を総理する処なり
明治一九年三月一八日勅令無号（同前、四四二〜四四三頁）
　参謀本部条例第一二条
　本部長の下に副官部を置き陸海軍各部内一般の事務を司どらしむ副官参謀大佐一人次副官参謀中佐一人各其主任の事務を総理す各副官部に三課を置き庶務制規文庫の事を司どらしめ課長少佐一人及課僚書記を置く
明治一九年三月日闕（同前、四六七頁）
　参謀本部陸軍部副官部服務概則第一条
　副官部の官僚は副官次副官及び伝令使課長課僚書記とす其掌どる所は申令移文諸向通報公文記注参謀将校及び軍人軍属の名簿履歴諸条規等の調査並陸軍文庫を主管し図書の出納保存鐫刻印刷本部内諸費用使役人等の事に

して総て本部の事務を総理する所なり

明治二一年五月一二日勅令第二五号（内閣官報局編『明治年間法令全書』第二一巻ノ一、原書房、昭和五三年、七二頁）

陸軍参謀本部条例第三条

本部に副官部を置き部内の庶務会計経理の事を管掌し兼て陸軍文庫を管理せしむ副官は大（中）佐一名及佐尉官三名を以て之に補し其下に部員各兵尉官二名及書記属を置く陸軍文庫主管は各兵尉官一名を以て之に補し図書の保存出納を掌らしむ其下に属を付属す一等軍吏一名二三等軍吏一名を置き部内会計給与一切の事を掌らしむ其下に書記を属す

明治二六年一〇月三日勅令第一〇七号（同前、第二六巻ノ二、原書房、昭和五四年、一九四頁）

参謀本部条例第六条

参謀本部に副官部を置き部内の庶務、会計経理の事を管掌し兼て陸軍文庫を管理す

明治二九年五月九日勅令第二〇一号（同前、第二九巻ノ三、原書房、昭和五五年、三〇〇頁）

参謀本部条例第六条

参謀本部に副官部を置き部内の庶務、人事、記録及経理の事を管掌し兼て陸軍文庫を管理す

明治三二年一月以降の参謀本部における業務の分担は、参謀総長が定める部内諸規則に拠ることになる。当初は参謀本部各部分任規則と参謀本部服務規則の二本立てで、総務部が編制、動員計画、戦時諸規則や庶務、人事とともに経理の業務を管掌することが規定されていて、経費の支出や予算の執行の任にあったようである。

参謀本部各部分任規則第二条は各部の分担業務を定めるが、総務部のそれを「庶務、人事、経理、戦時編制及其改正の起案、平時編制の審議、動員計画及訓令の起案、戦時諸規則及其改正の起案、在外国公使

館付陸軍武官の取扱」としている＊14。参謀本部服務規則第一五条は「総務部長は各部分任規則の示命する所に従ひ平戦両時編制、動員計画及戦時諸規則の調査を管理するの外本部一般の庶務、人事、経理及公使館付武官取扱事務を管掌す」となっている＊15。「予算」という字句はこれらの規則中には見当たらない。

明治四一年一二月の参謀本部条例の改正に伴い、諸規則も再編される。同年一二月二四日付で奥保鞏参謀総長は参謀本部服務規則を改定した。第一章総則、第二章分任、第三章服務に付則を加えた全一五条の本規則は、参謀本部各部分任規則を取り込んだものであった＊16。その第六条は「参謀本部各部各課の担任業務は付表第二の如し」となっていて、「参謀本部各部各課担任業務区分表」が付表第二として添えられている。総務部及び第一部の部分は表9の通りである。

表9　参謀本部服務規則付表第二「参謀本部各部各課担任業務区分表」中の総務部と第一部

［明治四一年一二月］　（傍線は引用者による）

区分		担任業務
総務部	庶務課	人事、経理、機密及普通文書の査閲、発受及整理、記録庫及文庫の管理、陸軍大学校、陸地測量部に関する事項、参謀の職に在る将校の教育、特別大演習、将官演習旅行及参謀演習旅行に関する事務
	第一課	平時編制、戦時編制、動員計画及動員関係諸条規に関する事項、平時諸制度及内地諸団隊の配置に関する事項、兵器、被服、糧秣、器具材料に関する事項（他部の主任に属するものを除く）、戦時諸条規の起案及審査（他部の主任に属するものを除く）、野外要務令の起案、典令教範の改正審査

区分		担任業務
第一部	第二課	作戦計画及之に伴ふ兵站の計画、外国へ派遣すべき陸軍諸団隊（憲兵隊を除く）及其配置行動に関する事項
	第三課	攻城及要塞防御計画、要塞の配置編成（要塞建設実施規定に依る）及兵備に関する計画、要塞に関する戦時諸規則の起案及審査

【大正九年八月】

区分		担任業務
総務部	庶務課	人事、経理、機密及普通文書の査閲、発受及整理、記録庫及文庫の管理、陸軍大学校、陸地測量部に関する事項
	第一課	平時編制、戦時編制、動員計画及動員関係諸条規に関する事項、国家総動員に関する事項、平時諸制度及内地諸団隊の配置に関する事項、兵器、被服、糧秣、器具材料に関する事項（他部の主任に属するものを除く）、戦時諸条規の起案及審査（他部の主任に属するものを除く）、陣中要務令の起案、典令教範の改正審査、陸軍予算に関する事項
第一部	第二課	作戦計画及之に伴ふ兵站の計画、外国へ派遣すべき陸軍諸団隊（憲兵隊を除く）及其の配置行動に関する事項、航空及自動車に関する事項
	第三課	攻城及要塞並都市防御計画、要塞の配置、編成（要塞建設実施規定に依る）及兵備に関する計画、要塞に関する戦時諸規則の起案及審査
	第四課	特別大演習及師団対抗演習に関する事項並其の他の演習に関する事務、演習費に関する事項

課制の採用と作戦と情報の分離を含む機能別の五部制の導入がこのときの改編の特徴であったが*17、経理業務が総務部庶務課の担任とされている。この時点でも各課の担任業務に「予算」という字句は入っていない。参謀本部内での経費の支出、予算の執行などが総務部経理業務の中心と考えられていたのであろう*18。

予算編成担当の総務部第一課

大正九年八月の参謀本部編制の改正は演習業務を庶務課から分離して第一部第四課（演習課）として独立させた結果、第二部以下の課番号が一つずつ繰り下げられ、航空関係業務が第三部から第一部第二課に移されたほかに基本業務の内容は変らなかったと『日本陸海軍総合事典』は記している*19。しかし、総務部第一課（編制動員課）の担任業務には見逃しがたい変化が見られる。表9に示したように、同年八月一〇日改正の「参謀本部各部各課担任業務区分表」によれば、庶務課は依然として経理業務を担当している一方で、第一課の担任業務に「国家総動員に関する事項」とともに「陸軍予算に関する事項」が加わっている*20。参謀本部創設時の総務課、副官部以来の経理業務とは別に「陸軍予算に関する事項」が新たに総務部第一課に割り当てられたのは、同課の中心業務である編制、動員と密接な関係を有する陸軍予算を、陸軍省を通して政府に要求する際の参謀本部の窓口の役割を同課が担うことを意味する。参謀本部として政策の形成における予算の重要性を認識して予算要求に組織的に取り組むため、総務部第一課を参謀本部内のとりまとめ役としたということだろう。

ただし、第一課の参謀本部内での予算要求とりまとめ業務は、大正九年八月に参謀本部服務規則付表第二の「参謀本部各部各課担任業務区分表」に明文化される以前から始まっていたようである。参謀本部編の「大正三年参謀本部歴史」には同年五月三〇日の項に「大正四年度陸軍予算積算上新要求事項を第一課にて調製し之を陸軍省軍事課に移す（草案第一課保管）」という記述が見られる*21。すでに始まっていた業務を大正九年八月に参謀本部服務規則の付表第二に明文化したといえよう。こうした総務部第一課の参謀本部内での予算要求とりまとめと陸軍省軍務局軍事課との折衝の業務は、昭和期に入っても続いていたのは次章以下に見る通りである*22。

以上のように部内諸規則によって見ると、参謀本部内の予算業務については、予算の執行は総務部庶務課が管掌した一方、総務部第一課に陸軍予算に関する業務が新たに割り当てられ、参謀本部としての予算要求では同課が陸軍省との交渉役を果たすことになるのであった。

3、省部関係の規定

省部関係の変化と予算編成

陸軍予算をめぐる折衝は陸軍省と参謀本部の間で行われることになるが、省部の間、さらには教育総監部を含めた三官衙の間には周知のように関係業務担任規定が存在する。明治四一年一二月二八日上奏裁可の陸軍省参謀本部関係業務担任規定は、表10に示すように、第三条で参謀本部の管掌する業務の要目を列挙したのちに、「前各号中新に経費を要するもの及其他軍政に関係あるものは悉く陸軍省に協議するものとす」と規定している*23。業務の執行にあたって予算措置が不可欠としたら、陸軍部内で予算編成を掌握する陸軍省は、経費をめぐる参謀本部との協議を通して参謀本部を統制することが可能だったということになる*24。

先に見たように、各部各課の業務分担から見る限り、明治期の参謀本部は予算要求を組織的に行う制度的基盤をまだ有していなかった。この関係業務担任規定からも予算の絡む政策形成では陸軍省に主導権があったことがわかる。

その後、政党勢力の伸長を受けて本規定は改定され、大正二年七月一〇日上奏裁可の陸軍省参謀本部教

表10　陸軍省参謀本部関係業務担任規定

第三条

参謀本部条例第一条に依り参謀本部に於て管掌すべき事項の要目左の如し

一　作戦計画及之に伴ふ兵站の計画

二　外国へ派遣すべき陸軍諸団隊（憲兵隊を除く）及其の配置、行動に関する事項

三　攻城及要塞防御計画

四　要塞の配置、編成（要塞建設実施規定に依る）及兵備に関する計画

五　諜報の蒐集及審査

六　兵要地誌の編纂

七　運輸交通に関する調査

八　鉄道及船舶輸送（平時陸軍運輸部の業務に関するものを除く）に関する計画

九　軍用通信網の計画

十　戦史の調査及編纂

前各号中新に経費を要するもの及其他軍政に関係あるものは悉く陸軍省に協議するものとす

育総監部関係業務担任規定となる＊25。この改定については、軍部大臣現役武官制の廃止に見られるような政党の攻勢に対する陸軍による予防措置という性格を有することが指摘されてきた＊26。しかし、陸軍予算編成に関する省部の関係という観点から本規定を見ると、「第二　業務の主管及手続」の各条には参謀本部主管の業務に関して陸相との協議が規定してあるが、明治四一年規定に見られたような経費（予算）に関する明文の規定は見当たらない。強いて挙げれば、

作戦計画、同訓令及要塞防禦計画、同訓令は参謀総長之を起案し允裁を仰ぎたる後関係部隊へ伝宣す。

但し本条に要する資材、糧秣等に関しては予め之を陸軍大臣に協議す。

という第六条の規定中、但書にある資材、糧秣などに関する陸相との協議が間接的に予算に関わる規定といえなくもないが、予算編成という面から省部の関係を明確に規定する字句が大正二年規定では抜け落ちているといえよう。

政党員の、あるいは政党の強い影響下にある予後備の将官が陸相となって陸軍予算削減に取り組むことを警戒して、予算編成の主導権が陸相にあることを明示しないようにしたのかもしれない。陸軍の予算は政府の一角をなす陸軍省を通してしか得られないとしたら、陸軍としては省部関係業務の規定から予算に関わる字句を消すことで、予算をめぐる政軍関係についての解釈の余地を残したともいえる。

先に見たように、大正三年には参謀本部は総務部第一課に予算のとりまとめ業務を担当させており、同九年にはそのことを参謀本部服務規則の付表第二に明文化した。その時期から考えると大正二年の関係業務担任規定の改定による省部関係の変化とも関係していると思われる。陸軍部内での参謀本部の位置づけの変化が予算をめぐる省部の関係の面にも現れたということだろう。

本章では陸軍予算編成の制度的枠組みを提示するとして、法規に定める陸軍予算の編成手順、陸軍内の各部局の予算に関する権限を次のように明らかにした。規定上は陸軍省経理局が陸軍部内における予算編成の手続き上の要となることがわかった。その経理局では主計課が予算に関わる全過程を担当することになっていたが、昭和一一年七月の陸軍省官制改正で軍務局軍事課も予算による統制の権限を有することが明文化された。参謀本部では総務部第一課が同本部内での予算要求のとりまとめの役割を担っている。

しかし、陸軍予算編成過程の実際やそこでの主計課、軍事課、第一課などの権限の行使の実態、さらには予算をめぐる省部の関係は、実際に業務にたずさわった幕僚たちの回想録や日記を見ることによってその実像がより明確になる。そこで、以上に示した予算編成についての陸軍部内の制度上の枠組みをふまえて、以下では予算を伴う政策の形成、予算を手段とした陸軍部内の統制、調整の実態を、軍務局軍事課、経理局主計課、さらには参謀本部などの部局間関係に重点をおいて解明していきたい。

＊註

1　大前『昭和戦前期の予算編成と政治』第二章第一節。

2　『日本陸海軍総合事典』第二版七四五頁。収録されているのは陸軍に関係ある法律、勅令、軍令から陸軍省の省令、訓令、達、告示、陸普など、そのほか内閣、各省、総督府などのもので陸軍に関係ある細部の諸規定まで含んでいた。先の大戦中の陸軍末端での『陸軍成規類聚』の位置づけについては、陸軍少尉であった山本七平が官僚機構としての陸軍を考える上で興味深い逸話を書き残している。中隊事務室に備えられた同書を彼が貸してくれと頼むと、管理していた准尉に拒否され、庶務を扱うのは自分たち判任官の仕事であり将校は自身の仕事に専念していればよいと言われたとのことである。山本は陸軍が陥っていた桎梏から脱するには組織の再編成が必要だったと述べていて、硬直した陸軍官僚制を象徴する一例として同書にまつわるこのエピソードを紹介している（山本七平『一下級将校の見た帝国陸軍』文春文庫、昭和六二年、五二～五三頁）。

3　陸軍大臣官房編『陸軍成規類聚』川流堂小林又七、昭和一六年、防衛省防衛研究所戦史研究センター所蔵。本資料の昭和一九年版が森松俊夫監修・松本一郎編・解説『「陸軍成規類聚」資料集成』緑蔭書房、平成二一、二二、二三年、の第一集昭和版（全七巻、別巻）として復刻されている。底本は編者が入手した陸軍大臣官房図書室所蔵本である。昭和版別巻には本資料についての編者による詳しい解説が収録されている。そこには本資料の配布先についての説明もあり、上記山本七平の回想の背景が理解できる（松本一郎「解説」二九～三〇頁）。

4　改正は明治二八年陸達第二四号、同三〇年陸達第四八号、同三一年陸達第九号、同三五年陸達第二八号、同三七年陸達第四〇号、大正五年陸達第一三号、同八年陸達第一五号、同八年陸達第五五号、同九年陸達第一一号によってなされている。本書では前掲の防衛省防衛研究所戦史研究センター所蔵、昭和一六年版の『陸軍成規類聚』第三巻第七類第二款掲載の陸軍省所管予算事務順序を基準にした。ただし『法令全書』で上記改正の経緯をたどって誤植などを正し、正確を期した。『陸軍成規類聚』は加除式の法令集で今回利用した同研究所所蔵の昭和一六年版もそれ以後の改正等に応じて同一九年八月まで追録がなされているが、本達に関しては上記の改正の経緯からわかるように大正九年以降、昭和期に入っても改正はなされていない。

5　村松岐夫『行政学教科書―現代行政の政治分析』第二版、有斐閣、平成一三年、一一八頁。

6　同『日本の行政』七九頁。内閣レベルの予算が漸変的方法で編成されていたのは、大前『昭和戦前期の予算編成と政治』一二四頁で指摘している。

7 内閣レベルの予算編成において規定上の期限がすでに明治期から遵守されていなかったことの理由、それについての当時の評価は、大前『昭和戦前期の予算編成と政治』一二三～一二四頁を参照してほしい。

8 『明治年間法令全書』『大正年間法令全書』『昭和年間法令全書』の各巻から抜粋した。なお陸軍省官制の経理局主計課部分は、昭和一一年七月改正以降、昭和二〇年一一月三〇日勅令第六七五号による陸軍省の廃止まで改正はない。

9 「陸軍省各局課業務分担表」昭和一〇年九月。

10 昭和七年九月と同九年九月の「陸軍省各局課業務分担表」の同班部分と比べると、七年、九年には業務に入っていた「決算検査報告弁明に関する事項」と「会計検査院の照会質問に関する事項」が一〇年分では削除されている。

11 昭和二年八月、昭和三年八月両時点の陸軍省印刷「陸軍省各課員業務分担表」（防衛省防衛研究所戦史研究センター所蔵）でも、軍事課に予算班が設けられ「予算及会計経理に関する事項」を担当していたことが確認できる。

12 「軍事課、主計課に於ける予算業務の分界に付ての意見」。陸軍省経理局主計課が陸軍予算関係の参考書類として保存していたもの。陸軍の名入罫紙に手書きの形態であり、「昭和十一年七月十四日」と付記されていて、赤鉛筆で「昭和十一年八月《ママ》陸軍省官制改正に伴ふ業務」という書き込みがある。日付をもとに推測すると、第一章第二、三節で触れた陸軍省官制改正案の枢密院審査のために作成されたものであろう。

13 内閣官報局編『明治年間法令全書』第三二巻ノ三、原書房、昭和五七年、五頁。

14 参本佐官副官管「明治三〇－三一年参謀本部歴史草案（二〇－二二）」防衛省防衛研究所戦史研究センター所蔵。本資料によると、参謀本部各部分任規則は明治三一年一二月一九日に川上操六参謀総長より上聞に達している（翌年一月一四日に勅令第六号として公示される参謀本部条例改正もこの日に允裁を得ている）。前文に「改訂参謀本部条例は単箇に其担任行〔ママ〕務の要領を指示せるのみなるを以て茲に部内各部分任規則を規定し各部の担任を明瞭にす」とある。

15　参本佐官副官管「明治三二‐三四年参謀本部歴史草案（三二‐二四）」防衛省防衛研究所戦史研究センター所蔵。本資料によれば、参謀本部服務規則は明治三二年二月一日に川上参謀総長が定める形式をとっている。同日に同じく川上参謀総長が定めた参謀本部総務部事務規程（同前）は、総務部の事務のひとつとして第二条で「会計経理に関する業務」を挙げ、「会計一般の条規に由り之を処理する」としている。明治三二年五月二日に制定され、同三四年五月二日付で大山巌参謀総長名で改めて定められた参謀本部経理規程（同前）は経費の支出や監査、物品の管理に関する規定といえる。

16　明治四一年一二月改定の参謀本部服務規則は、防衛省防衛研究所戦史研究センター所蔵の「明治六〜四十一年雑書類」に収録されている。付則第一五条で明治三一年一二月規定の参謀本部各部分任規則、同三二年二月規定の参謀本部服務規則を廃止するとしているので、前者を新服務規則の第二章分任と付表第二に取り込み両規則を統合したと考えられる。

17『日本陸海軍総合事典』第二版五〇九頁。

18　大正七年八月から八年四月にかけての総務部庶務課の日誌には、参謀本部に関わる各種費目の経費支出に関する記録が多数見られる。同課が参謀本部関連予算の執行を管理していたのがわかる（参謀本部庶務課中村少佐「大正七・八・二‐八・四・三〇参謀本部庶務課日誌」防衛省防衛研究所戦史研究センター所蔵）。昭和一〇年一二月一日に参謀総長閑院宮載仁親王名で改定された参謀本部処務規程の第九章経理事務の条文を見ると、この時点でも総務部庶務課の経理業務とは予算の執行や物品の管理であったことがわかる。同規程は一三章にわたり、全一九一条に付録三つという大部のものだが、関連する条文を以下に挙げておく（参謀本部「昭和九・一一・一二・五参謀本部歴史」同前）。

第一章総則　第一条

本規程は参謀本部服務規則に基き実施に関する細件を規定するものとす

第九章経理事務　第一　通則　第一一一条

経理事務は総務部長統轄の下に左の諸官之を行ふ

庶務課長

庶務課高級部員

副官　二

庶務課主計正（以下単に主計正と称す）　一

同　主計（以下単に主計と称す）　一

第九章経理事務　第二　予算及金銭　第一一五条

毎年度予算の令達を受けたるときは主計正は庶務課高級部員と協議の上経費使用計画案を調製し庶務課長を経て総務部長の決裁を受くるものとす

第九章経理事務　第三　物品　第一二二条

各部は物品監守者を定め庶務課長に通報するものとす

なお、参謀本部処務規程は昭和八年八月一九日に制定されていて、同規程に取り込まれたため同時に廃止された諸規則のひとつに参謀本部経理事務取扱手続が挙げられている（参謀本部庶務課「昭和四‐八年参謀本部歴史」同前）。それが上記昭和一〇年参謀本部処務規程第九章経理事務の前身と推測できるが、昭和八年時点での処務規程の条文だけでなく経理事務取扱手続もその条文が付されていないので詳細は不明である。おそらく前出の明治三四年五月二日制定の参謀本部経理規程を承継していたのだろう。

19『日本陸海軍総合事典』第二版五〇九頁。

20 参謀本部「大正九・六‐一三・一二参謀本部歴史」防衛省防衛研究所戦史研究センター所蔵。

21 参謀本部「大正三年参謀本部歴史」同前。大正五年の「参謀本部歴史」も四月一九日の箇所に「大正六年度予算要求事項陸軍省に送付（関係書類第一課保管）」と記している（参謀本部「大正四‐五年参謀本部歴史」同前）。

22 昭和一二年一一月大本営設置以降の大本営陸軍部（参謀本部）の業務分担に関する資料は、稲葉正夫編・解説『現代史資料』第三七巻大本営、みすず書房、昭和四二年、に収録されている。

23 陸軍省編『明治天皇御伝記史料　明治軍事史』下巻、原書房、昭和四一年、一六五〇頁。

24 明治四一年の陸軍省参謀本部関係業務担任規定以前に省部の関係を規定したものとしては、明治一一年一二月四日陸軍卿上申の「本省と本部と権限の大略」（内閣記録局編『法規分類大全』第四六巻兵制門〔二〕、原書房、昭和五二年、四二五～四二六頁）及び同一九年三月二六日内閣総理大臣より参謀本部長陸海軍大臣へ通牒として「省部権限の大略」（同前、四四五～四四六頁）がある。両者ほぼ同じ条文で「入費」すなわち経費のことは陸軍省の主務であるとする規定を設けている。後者の条文を参考のため次に示す。

人員黜陟《ちゅつちょく》並入費向の事は省の主務たるべし是が為めに検閲は黜陟に関し築造製造の事は入費に関するを以て省の主務とす然れども将校の職務を命じ或は之を免ずる等の事に於ては陸軍将校は陸軍大臣海軍将校は海軍大臣

決議の上本部長に移して上裁を請はしむ

25 本規定は稲葉正夫「解題　陸軍史としての評価と補遺」(陸軍省編『自明治三十七年至大正十五年陸軍省沿革史』上巻、巌南堂書店、昭和四四年)一九〜二二頁、山崎正男「陸軍軍制史梗概」八八六〜八八八頁に掲載されている。

26 例えば加藤『模索する一九三〇年代』二〇九〜二一〇頁、戸部『日本の近代』第九巻逆説の軍隊、一七七〜一七八頁。

第三章

予算編成をめぐる陸軍内の部局間関係

昭和戦前期の省部関係

本章では陸軍予算の編成に関して法規などには現れない慣行を、省部の幕僚や陸軍省経理局関係者の回想録、回顧談などをもとに明らかにする。そこから判明することをもとに、陸軍部内における予算を伴う政策形成や予算を手段とする統制、調整の実態の解明を進めたい。

時期としては昭和戦前期を対象とする。政治勢力としての陸軍の台頭が顕著になったこの時期について、大正末の軍縮期から満洲事変を過ぎても、陸軍部内では参謀本部に対して陸軍省が優位に立っていて、その理由の一つは陸軍省が予算を握っていたことだったといわれている*1。たとえば、昭和五年（一九三〇）当時参謀本部第一部長だった畑俊六は、六年度予算編成が終盤にさしかかった五年一〇月末から一一月上旬の日誌に、浜口雄幸内閣や大蔵省の意向を受けて予算の圧縮を求める陸軍省に参謀本部が押しきられていく様子を描いた*2。また、参謀本部勤務ののち、昭和六年一月から同九年三月まで陸軍省に所属した鈴木貞一によれば、参謀本部は統帥の観点から、陸軍省は行政、ことに財務の観点や外交関係など政治の面から押していくとした上で、「少くとも私が陸軍省に居った頃は、統帥部を押えておった」と述べている*3。予算が陸軍部内統制の手段として機能していたことを推測させる。昭和一二年以降の事変期になると、大本営の設置は省部の関係に、臨時軍事費特別会計の導入は予算の役割に変化をもたらすことになる。それは新たな課題として別に検討する必要があるであろう*4。

ところで昭和期の陸軍予算編成を回想や談話で振り返る際に西浦進の存在は重要である。彼は昭和五年の陸軍大学校卒業後、終戦に至るまでのうち一〇年近くを陸軍省軍務局軍事課で過ごし、予算班員、同班長、高級課員、軍事課長を歴任している*5。この時期の軍事課と陸軍予算の編成を熟知した人物といえよう。以下では西浦の残した回顧録や談話を軸に見ていくことになる。

第一節　軍務局軍事課による統制

軍事課予算班の部内統制

西浦は陸軍の軍政とその問題点を省みた文章で軍政と統帥の関係を次のように表現している。大日本帝国憲法第一一条の統帥権の独立と第一二条の編制大権に基づき軍はどんなことでも出来たというわけではなく、用兵面では第一義的には政府、議会の制限を受けないが、第二義的には国策、予算、資材等により政府、議会の制限を受けると陸軍部外との関係を述べた上で、陸軍部内の関係について、軍政当局者は統帥部の企図が国策に合わない場合は統帥部に反省を求め、予算、資材、人員等の具体的問題で統帥部の要求に応じ得ない場合は拒否せざるを得ないとしている*6。そして軍政の根本は人事と予算を握ることであり、陸軍予算は軍務局軍事課が強力に統制していた*7、予算全般の統制、大きな運用の統制を行うのが軍事課予算班であると述べている*8。陸軍予算全般を按配することによって、陸軍が実現を目指す政策に優先順位をつけて選択を行い、部内の統制を図っていたのである。

ちなみに行政学者の西尾勝は現代日本の官僚機構について次のように述べている。官庁の官房系統組織の諸機能の中核をなすのは資源管理機能であり、権限、財源、人員という主要な行政資源を部内の各部局に配分する機能を担っていて、各部局からの配分要求を審査、査定することを通して各部局による政策選択と資源配分を操作する、すなわち指揮監督、調整している*9。軍務局軍事課は課内に編制班、予算班を有することで、陸軍省における官房系統組織の役割を果たしていたといえる。

軍事課長をつとめた田中新一によれば「軍事課予算班長は全陸軍の活動の源泉である巨大なる軍事予算の取扱者」であり、「陸軍という大権力機構の重要焦点に参画する」存在であった*10。軍務局徴募課長や参謀本部第二課長をつとめた今村均も、陸軍省で軍務局が力を持っていたのは予算を握っていたからだと語っている*11。陸軍省軍務局軍事課はその予算班を中心として予算を伴う政策の形成と予算を手段とする陸軍部内の統制、調整を担当したが、それによって軍政機関としての陸軍省の中核に位置していたことになる。軍務局による陸軍部内統括の重要な手段が軍事課予算班による陸軍予算の統制だったのである。

大蔵省の役割を担う予算班

このような位置にあった軍事課予算班の業務に携わる者に求められる資質についても西浦は言及している。軍事予算の統制は軍事の専門知識を持った人が大局的に判断することが特に必要であるという*12。そして軍政処理にあたって基礎となるのは軍事に対する広汎な良識と良心であり、軍政中央機関に奉職する者は階級は低くとも権能を有するので、俊敏よりも良心的な人が軍政に向くと述べている*13。その上で彼は、予算班は毎日の仕事の一つ一つが決心問題となり、予算班長とは軍内のあらゆることについて決心を求められる立場にあり、その基礎となるのは凡百一般の常識と良心であると回顧している*14。こうした軍事課予算班員に求められる資質は、大蔵省主計局官僚のそれと共通するであろう*15。specialist としてではなく generalist として対処するということである*16。西浦進は予算班というのは陸軍省の中にある大蔵省のようなものかという問いに経理局の存在を付言しながらも肯定している*17。

具体的には次のようになると考えられる。昭和一六年三月中国戦線の師団参謀から軍事課勤務となった島貫重節が軍需資材研究費の割当という予算統制の仕事を前に、技術各課の研究状況がわからず困惑していると、当時同課高級課員だった西浦は統制の方法について、第一に必要性（目的）、第二に可能性（時期と効果）を考えて、戦局全般の見地と戦略的な判断から優先順序を定めればよく、技術の細部や研究の専門的な理由などは専門家に任せればよいのであって、あくまで全般的視野に立って統制すべきであると指導してくれたという*18。これは事変下についての証言だが、予算統制のノウハウを要領よく表した言葉であろう。戦局の考慮や戦略的判断というところが平時では軍備計画の方向性や財政状況を考え合わせてということになろうか。

西浦は予算を通して部内統制の役割を担う予算班員の資質と実際の対処法をこのように論じたが、軍事課に配属されてから憲法、行政法、財政経済などの勉強にも取り組んでいる*19。行政の実務に携わる者として必要不可欠の知識を身につけた上で、良識、良心に従って査定を行い、予算を按配して政策の効果的な実現や部内の統制、調整にあたるということだろう。海軍省軍務局長をつとめた井上成美も初めて同局に勤務したときには、夜学に通って法律や会計学を学び、海軍の法規集をわがものにして軍令部や艦隊の参謀とやりあったという*20。肥大化した陸海軍の部内統制には何が必要となるかを示している。

第二節　統制の手段としての機密費

機密費の作用と反作用

陸軍省軍務局軍事課予算班は陸軍予算全般の統轄をもって政策の選択や部内統制の実務に取り組んでいたが、予算の特定の費目の運用を直接担当して、より具体的な形で陸軍の政策の遂行や部内統制に関与することも行っていた。機密費と演習費である*21。

西浦によれば、予算の大綱統制に加えて機密費、演習費、旅費など運用の余地の大きいものを細かいところまで握ることが必要であり、これによって軍の動きがわかり実際的な統制ができるのであり*22、陸軍の政策と平時の部隊の動きを把握するのであった。満洲事変当初の陸軍全体の機密費が約一四万円、演習費が七〇〇～八〇〇万円という*23。陸軍省の中で軍務局、軍事課が重きをなしていたのは予算班をもっていたからであり、機密費、演習費が欲しいから軍事課のいうことを聞くということになる*24。

予算班長が機密費の、もう一人の班員が演習費の実務を担当したが*25、師団の演習費を決める交渉には階級では上位の師団高級参謀相手に苦心することになる*26。機密費については、陸軍省、参謀本部、関東軍などへの配当だけを決めて、陸軍省用の機密費は次官から、参謀本部のそれは参謀次長から出されることになっていた*27。使途は詳細にはわからないが交付先からは使ったという報告があり、会計検査院検査の対象外であった＊28。部内規定に基づいて三ヶ月ごとに使途を陸相に報告することになっていたが、会計検査院法第二三条によって同院の検査は不要とされていたのである＊29。機密費の総額は議会、政府によって決められたが、運用、使用の手続きが他の費目と大きく相違していて、支出時をもって会計法上の監督を離れ、使途内容についての会計法上の追及はなく、部内規定による三ヶ月ごとの陸相宛報告に基づいて管理されていたのであった＊30。陸軍部内の機密費の取り扱いについては第五章で詳述する。会計検査院法（明治二二年五月一〇日法律第一五号）第二三条は「政府の機密費に関る計算は会計検査院に於て検査を行ふ限に在らず」という規定であった＊31。

予算班長は参謀本部から持ち込まれる機密費目当ての謀略の案件を取捨選択することも行った。事変下に臨時軍事費特別会計が設けられ、機密費が膨張すると、こうした案件が目立ったようである＊32。機密費は主として対人関係に使われ、情報収集や謀略の費用となったが、平時は在外武官などの情報活動用に限られ、事変、戦争となると武力戦の裏での情報謀略戦に多額が費やされたという＊33。

陸軍予算全般の統制とともに、こうした具体的な経費、とりわけ使途に融通のきく機密費などの差配を通して政策の取捨選択や部内の統制、調整にあたったのが軍事課予算班であったということになる。行政学者によれば、政策を構成する諸要素のうち、充当財源は年々変動する可能性をもっているが、官房系統組織はこの財源の配分を操作することを通して、各部局の政策実施活動の質量に微妙な変更を加えることが出来るという＊34。軍事課が官房系統組織の役割を担っていることは上述したが、予算全般に加えて個別の経費の調節という手段も有していたのである。

このように軍事課予算班は陸軍の政策選択や部内統制に直接関与する部署だっただけに、その関係者には反作用が及んだようである。すなわち財源の制約や陸軍上層部の方針もあり、また良心、良識に従った結果だとしても、予算要求を拒まれ、削減された側は予算班を高慢とみなして批判、指弾し、時には人事で報復に及ぶことになる。西浦は陸大を卒業して原隊に戻ったとき、連隊長から軍事課とりわけ予算班には行くな、憎まれる、末路が哀れになると言われたという＊35。大蔵省の主計局員は厳しい査定をしても他省から人事上の報復を受けることはなく、むしろ省内での評価を高めることもあろうが、陸軍部内からの諸要求に注文をつける軍事課予算班長（少佐）や同班員（大尉）の軍人としての将来を左右するのは、同じ陸軍部内の陸軍省人事局補任課や参謀本部総務部庶務課に座る将校である。予算班の悪評は陸軍部内の定評だったようで、この時期の軍事課関係者が揃って証言を残している＊36。逆にいえば、各所から恨みを買うぐらい厳しく査定して陸軍の政策の取捨選択や部内の統制、調整に資したということだろう。それは陸軍予算が抑制された時期にとりわけ目立ったはずである。

第三節　陸軍予算編成における軍事課‐主計課関係

軍事課‐主計課の連帯

第二章で明らかにした制度では、経理局主計課が陸軍予算編成の要の位置にあるように見えたが、実際には本章でここまで見てきたように、軍務局軍事課予算班が予算を手段とする政策選択や部内統制の任に当たっていたことになる。それでは軍事課予算班と主計課の関係はどうであったか。ここで両者の関係について軍事課予算班の西浦進の談話に主計課関係者の回顧談を加えてまとめてみる。

西浦にいわせれば、予算を事務的に握っているのが経理局であり、その大きな運用を統制するのが軍務局軍事課予算班であった*37。経理局を支えてその側面から大きな問題について統制する軍務局の実務を担っていたのが軍事課予算班ということになる*38。たとえば、大蔵省主計局との交渉は主に経理局が行うが、いよいよ陸軍の予算案を出すというときに一般情勢や軍備充実の大綱などについて軍事課予算班が説明した。一方、陸軍部内については、参謀本部の要求への対処は軍務局軍事課が表に立ち、要求をどれだけ容認するか、はねつけるかは軍務局が判断して、軍務局が認めたものについて経理局は軍務局と歩調を合わせて実行することになっていた。経理局は予算の執行機関のようなものということになる*39。

しかし、経理局が容認できないような陸軍部内の要求を軍務局が認めるわけにはいかないので、経理局とは始終歩調を合わせることが必要であり、軍事課予算班と経理局は普段から仲良くしていたということである。予算班としては経理局に横を向かれたら実際の手足を失うことになるからであった。経理局も軍事課が連帯したものにしか金を出さなかった*40。このように軍務局軍事課予算班が大枠の統制を行い、経理局主計課がその枠内で予算関係の実務を支えていた。両者は業務上密接な関係を維持していたのである。昭和一一年七月の陸軍省官制改正に際して両課関係を説明した陸軍省の内部文書を第二章第二節で紹介したが、そこに記されていたことが当事者の言葉で語られている。

主計課以外の経理局の三課（監査課、衣糧課、建築課）も予算に関わる業務を担当しており、軍事課（予算班）との関係は深い。西浦は旧陸軍における経理官の功績は絶大であると評価している*41。経理局の仕事は他と比べて最も経済的、能率的であり、陸大出身者などの観念論に対して軍内で一番地に足つけた仕事をしていて、兵科将校の兵器局と比較すると、その資材整備の上手さは比べものにならなかった。経費を使い文句が多くて能率の上がらない兵器局や、この兵器局とも玄人と素人の差があるほど見劣りした航空とは一段役者が違っていたと記している＊42。

また、軍務局軍事課としては業務上密接な関係のある経理局の要員、すなわち経理部将校相当官の養成に関心を寄せざるを得ない。軍縮期に廃止されていた主計候補生制度の復活に際し、永田鉄山軍務局長や軍事課は経理局原案（陸軍士官学校での合同教育の後、陸軍経理学校に入校させる）を支持しているし＊43、西浦も同制度の復活がないと陸軍の損失は大きいと山下奉文軍事課長に進言した＊44。西浦は主計候補生制度が途絶えていた間の学士将校制（大学、高等商業学校卒業者を陸軍経理学校乙種学生を経て経理部将校相当官にする）の致命的な欠点は、他省の優秀官吏に対して帝大などで一段劣っていたという先入観を拭えなかったことだと記しているが＊45、これは予算編成の局面で陸軍を代表して大蔵省主計局官僚と折衝する経理局主計課員の資質を問うたものであろう。

経理局主計課の役割

一方、経理局主計課勤務経験者によれば、経理部業務の基盤は金銭業務、予算業務であり、純然たる行政事務として予算の金額、予算目的といった制約が課せられ、会計法規その他の諸規則に従い証拠書類を揃えて決算報告も必要となるという厄介な仕事であり、非常に軍令とはなじまない、軍令の立場からは受け入れにくい性質をもつ業務であった。経理官としては、こうした業務を基盤として仕事をせざるを得ない一方で、軍組織中の実務担当者として軍令と同調しなければならないというデリケートな立場にあったと述べている＊46。しかし、軍令とはなじまない、軍令には受け入れられにくい性質をもった業務であったからこそ、経理部業務の基盤すなわち予算を手段として、部内各部局の求める政策の取捨選択や部内の統制、調整が可能となったはずである*[47]。そこに軍務局軍事課の部内統制や政策の選択を実務面から支える経理局主計課の存在意義があったといえるだろう。

別の主計課関係者の言うように、予算は陸軍行政の基本であった*[48]。予算はその年度の陸軍の政策の金銭的表現として、陸軍省各局課が新規に実施しようとする業務とそれに必要な経費の提出を各課から受けて軍事課と主計課でこれを調整、とりまとめて省議にかけるのであった*[49]。そこでは陸軍省各局課が陸軍省官制の規定に基づいて行おうとする事項とそれに伴う費用の要求を出してくるのに対して、軍事課は全般的な軍の方針という基本から批評し、主計課は主計課としての考えに基づいて批評をして査定を行っていた*[50]。このように両課が関係する形をとることが、予算に関する業務を軍事課、主計課双方に管掌させていた陸軍省官制の意図するところであったというのである*[51]。なお、省議決定された案を陸軍省の概算要求として大蔵省に提出することになるが、同省への説明、折衝は主計課の担当であったと同課関係者は述べている*[52]。

軍務局と経理局という違った立場にある者が協同して部内の要求に対処し、予算案を編成していくことで陸軍の政策の選択や部内の統制、調整を効果的に機能させようとしたといえる。兵科将校の軍事課が陸軍部内からの予算要求、すなわち政策案を軍政的見地から吟味するとともに、参謀本部など陸軍部内の統制、調整にあたる。一方、経理部将校相当官の主計課は会計・経理の観点から予算要求を査定し、国家予算全体の査定役である大蔵省主計局との連絡、調整を担うという構図である。

第四節　陸軍予算の編成過程

一般新規要求と軍備充実計画

第二章では法規に基づいて見た陸軍予算の編成手順を、ここでは関係者の回顧談を中心にしてまとめておく。陸軍部内での予算編成は、毎年の一般新規要求という形と軍備計画（大正期は軍縮を伴う整理計画であったのに対し、満洲事変後は軍備充実計画となる）に伴い複数年度にまたがる継続費の算定などの二本立てで行われていたようである。

一般新規と呼ばれたのは、各年度の各局課の新規に実施しようとする業務とそれに必要な経費の提出を各課から受けて、軍務局軍事課と経理局主計課でこれを調整、とりまとめて事項と計数を整理した上で省議決定するという過程であった＊53。各局課が陸軍省官制の規定に基づいて行おうとする要求の項目とそれに伴う費用については各局課に権限と責任があり、各局課がそれに基づいて独自の要求を横の連絡なしに出してくるので、それぞれの趣旨を聞き説明を受け、その積算の内容を調べて一般新規事項の予算概算をつくったのである＊54。毎年四、五月頃に陸軍部内で翌年の分をとりまとめていたようである＊55。当時の一般会計予算では既定の歳出や継続費の年割は、物価騰貴等を含め特別な場合にその改定要求をしない限り議会も手を付けられないことになっていたので、新たに要求する事項だけをこのような手続で編成し大蔵省に要求していた＊56。第二章第一節に見た陸軍省所管予算事務順序は、ここでいう一般新規の要求を想定して定められたものといえよう。

一方、軍備計画のような全軍的、継続的な事業に伴う予算編成については、軍事課、主計課の協同作業により予算積算要領を作ることになる。これは事業実施のためにどのような経費を積算しなければならないかということを記したもので、各局課からその積算要領に従って積算されたものを集め、軍事課、主計課協同して、既定計画との関係等を調整して計数的にとりまとめることになる*[57]。たとえば軍備充実の構想が参謀本部から出されると、それをもとに軍事課と主計課が泊り込みで協議して急いで予算積算要領を作るのであった。その積算要領を各局課にまわすと、たとえば兵器局は兵器の充実、経理局主計課では俸給給料、同局衣糧課では糧秣関係などの要求が出てくる。それら軍備充実関係の予算要求を積算していくのであった*[58]。積算要領の作成は予算の項目ごとであり、どの項目を挙げるかについて参謀本部の了承をとった上で各課に回したのは夏ごろという。そこで寄せられた各課の要求を削り参謀本部の求めも圧縮して大蔵省の容認しそうな程度にもっていかねばならなかった*[59]。作戦資材整備などについて陸軍省内には参謀本部各課と結んで過大な要求を出してくるところがあり*[60]、そのような場合は主計課よりも軍事課予算班が対処することになる。

予算編成は議会提出という期限のある仕事なのに加えて、大蔵省に対して項目とともにそれに伴う金額の要求が合理的であることを説明して納得させなければならないので、同省との折衝を主として担う主計課の担当者にとっては義務感を伴う仕事であったようである。その過程で陸軍の要求が政治的、財政的理由で圧縮されれば、参謀本部と交渉して削減を了承させるのは軍事課の責任となる*[61]。

省議での調整とコンセンサス

こうした点につき、有末精三は昭和七年から一〇年にかけてその地位にあった陸相秘書官の視点からの印象を書き残している。彼によれば陸軍省では部内各方面の要求、ことに参謀本部の作戦準備に関わる編制、装備上の要求に基づき、担当各局はそれぞれ八月末ごろに予算要求を概定し、軍務局軍事課でとりまとめ、これをもとに経理局では陸軍省予算書を作成、この間軍務局、経理局が中心となって大蔵省、主として主計局に根回しをしつつ、省内では予算省議が行われたとしている*62。積算要領に従って提出された軍備計画に関わる諸要求を上述の一般新規要求と合わせて陸軍としての概算を作成したということだろう。

予算省議と復活要求については次のように述べている。省議は会議室で各局部長が卓につき、次官が進行役をつとめ大臣が決裁する。この会議には政務次官、参与官が必ず列席したが、それは議会対策のためであった。秘書官は局長の直接補佐にあたる各課長や主任課員と同じく、後列の椅子に着席待機し会議を傍聴するが、陸軍軍政全般の動きを知るのによい機会であり、審議の重点が明年の新規要求におかれている関係上、それらの企画構想について教えられることが多かったという。大蔵省の査定を経て予算閣議で陸軍予算について一応の内示を受けると、再び省議を開いて復活要求の対案を協議する。中には予算額は小さく毎年繰り返して提出されるがあっさり査定をのんで引っ込み得るものがある一方で、金額も大きいが復活を強く求める、いわゆる目玉事業の予算については、執拗といえるほど論議が繰り返されたということである*63。

以上のように、回顧談や回想録によれば陸軍部内の予算編成は、陸軍省所管予算事務順序に準拠して各局課の一般新規要求をまとめる方法と、軍備充実などの計画に起因する継続事業の予算要求を積算要領に基づいてまとめるやり方に分けて行われていたことがわかった。後者の場合はとりわけ参謀本部の役割を無視できず、経理局主計課を中心に大蔵省と折衝する一方で、軍務局軍事課予算班は参謀本部への対処が求められることになる。また、一般新規要求、軍備計画のいずれにしても、予算案は陸軍が実現を目指す政策を集約、表現したものであり、予算獲得、政策の実現に向けて対策を練り、政策を取捨選択して部内の最終的なコンセンサスを得る調整が省議の場で行われたことがわかる。

第五節　軍備計画策定における参謀本部の役割

参謀本部内の調整と軍事課との折衝

軍備計画に伴う予算編成においては、参謀本部が一定の役割を果たしていることがわかったが、ここで軍備計画そのものの策定における参謀本部の役割や省部の関係について、同部員の証言を中心に陸軍省関係者の談話も加えてまとめておきたい＊64。軍備計画は陸軍の重要政策のひとつであり、当然予算の裏付けを求められる。その策定過程には予算をめぐる省部の関係が組み込まれているはずである。

昭和一〇年から一四年にかけて参謀本部に勤務した井本熊男は昭和一一年の軍備充実計画策定過程を示す証言を残している＊65。それによると、おおよそ次のようになる。

一　陸軍中央に生じた軍備充実の気運をもとに参謀本部第一部第二課（作戦課）＊66が兵力の希望量を提示することに始まる。

二　同課が仮想敵国との交戦を想定して所望の兵力量を検討するが、参謀本部総務部第一課がその過程で協議に加わり、所望量を現実に整備する可能性の見地から所見を述べて第二課の要求を抑えることになる。

三　両課が合意した案を第二課がまとめて陸軍省軍務局軍事課に提示する。軍事課は参謀本部から提示された基礎案を国家予算、軍政諸条件、資材等の面から検討して実現の可能性を考えて意見を述べる。第二課が必要量を求め、軍事課は実現可能量を査定することになる。

四　この折衝が繰返されて省部両課の案が妥結すれば、他の関係部局の所見を求めた上で省部の上層部に上げて決裁を受ける。この段階で陸軍省は大蔵省と折衝して国家財政面での実現を追求する。

五　省部の合議がまとまれば参謀本部総務部第一課起案の軍備充実計画案として参謀総長、陸軍大臣列立で天皇に上奏、その承認を受けるが、この段階では予算について帝国議会の協賛を得ていないのでまだ実行性は完備していない。

六　帝国議会にかける予算案の起案は陸軍省経理局が主任で軍務局が連帯関与していた。

七　帝国議会の協賛が得られると計画は実行に移される。新たに編成される部隊ごとに軍令として詳細な編成要項、編制表などが編成を担任する長官（軍司令官、師団長など）に示される。この軍令は参謀本部と陸軍省がそれぞれ担任する部分を起案するが、部隊の編制、動員に関しては参謀本部第一課が、編成に要する人員の徴募、兵器資材、資金の交付に関しては軍務局統轄下に関係局が関与して陸軍省が起案した。

井本はこの軍備充実計画策定過程における省部の関係について、「軍備充実に対する関与度は参謀本部、陸軍省共に同等、半々とみて差支えない」と記している＊67。

ここに述べられたことのうち省部の関係については、橋本秀信が大正一四年から昭和五年にかけて参謀本部第一部第二課に勤務した経験をもとに、大正一四年の軍縮に伴う軍備整理計画について語っていることと重なる。すなわち、参謀本部は作戦上の必要に基づき要求し、陸軍省は政府の立場を考えてその要求の緩和を図るので省部の対立が生じる。参謀本部側は総務部第一課、陸軍省側は軍務局軍事課が省部間折衝の当事者であり、統帥部と軍政部を代表して協議するとともに、それぞれが省部内の各課との連絡、統制も行うことになる。例えば参謀本部内で第一部第二課の強い要求を総務部第一課が調整して陸軍省と協議するが、要求の根拠となる作戦計画自体が陸軍部内でも公表されない軍事機密であったため、軍政部の了承を得るのも努力を要し議論を呼ぶことになる＊68。

政府財政当局との交渉

こうした予算の裏付けを求められる軍備計画の策定における省部の関係、さらには政府・大蔵省との関係は、陸軍における「兵力量」決定手続を陸軍部内で協議してまとめる際の事例として考慮されることになる。

昭和五年の第五八回帝国議会でロンドン海軍軍縮条約締結に関係して海軍の兵力量決定過程が取り上げられ、統帥権の問題が議論された。同年五月、陸軍部内でも「所謂兵力量の決定に関する研究」が行われている。陸軍省軍務局長、同局軍事課長、同課高級課員、参謀本部総務部長、同部第一課長、第一部第二課長などによるこの研究結果は兵力量の決定手続を次のようにまとめている。

統帥機関において国防用兵上の見地に基づき師団数の増加を必要と認めた場合、同機関が国際関係、財政事情を考慮して研究審議した案を軍政機関に移し、軍政機関はこれを政府の政策と較量、統帥機関と折衝の後、所要の経費を概算して財政当局に要求する。軍政機関は財政当局と統帥機関の間に入って交渉を重ね、両者の了解を得るに至った案が軍部大臣によって閣議に提出、決定されて実行に移されるというものであった。また、この間に統帥機関の長が兵力増加の必要な所以について帷幄上奏を行ったとしても、その上奏の内容は決定的ではなく、その実現には国家の財政との調和がはかられるべき余地が存するとされている＊69。

この研究は続いて、このような「実行手続は従来より陸軍に於て現に実行し来りたる順序にして条規に照し政府統帥機関各々其の権限を完全に施行し得る最も合理的の手続なり」と述べている＊70。この「従来より陸軍に於て現に実行し来りたる順序」とは、軍備の充実・整理計画時の手続を指していると考えられる＊71。

「兵力量」に「所謂」が付けられていることからわかるように、「第五十八議会に於て倫敦会議に端を発せる統帥権に関する諸問題中屢々《しばしば》「兵力量」なる文字の使用を見たるが此の文字は陸軍に於ては従来使用せられたることなき」＊72ものであった。そこで陸軍では陸軍省軍務局軍事課と参謀本部総務部第一課が中心となって研究し、予算の裏付けを求められる軍備計画策定過程をいわばモデルとして「兵力量」決定手続における省部間や政府との関係を理解し位置づけたといえよう。本研究に前後する時期についての井本、橋本の上述の回想は、本研究で述べられている省部の関係を具体的に部局名まで挙げて説明したものともいえる。

参謀本部総務部第一課の位置

以上のことから、軍備計画策定における参謀本部の役割については言えるのは次のようなことである。参謀本部第一部第二課は作戦用兵を独占したとしても、経費を伴う問題は総務部第一課を介在させて陸軍省軍務局軍事課と協議せざるを得ず、ことに財政事情の厳しいときには第一課と第二課の日常業務の多くを陸軍省との交渉が占めることになる*73。軍備計画のように長期にわたり巨額の予算を費やす政策の形成にあたっては、軍令部門にとっても軍政事項である予算の制約の考慮を迫られるのである。軍備計画策定過程では参謀本部が重要な役割を果たすが、同部内では第二章第二節で見たように、陸軍予算に関する事項を管掌した総務部第一課が要の位置を占めたのであった。

昭和九年八月に参謀本部総務部第一課編制班長から陸軍省軍務局軍事課高級課員に転じた土橋勇逸は、参謀本部全体の総務部門だった第一課の業務は軍事課の仕事と似ている点が多かったと振り返っている*74。総務部第一課の業務については大正末に同課長を経験した小磯国昭の回想もある*75。そこで小磯は同課の業務について次のように記していて、この課が省部の間、陸軍省軍務局軍事課と参謀本部第一部第二課の間に介在する役割を果たしていることを示している。

日常業務の性質が軍政軍令の関連事項であつて、其の到達すべき事務処理の帰結点は軍政軍令の何れにも偏せず、常に大所高所に立つて事を熟慮し、直ちに国家国軍の為、有意義な結論を得るやうに努力せねばならぬ所であつたと今更ながら痛感されるのである。殊に統帥権の独立乃至国務と統帥の関係を考察すると肌に粟の生ずるやうな危惧をすら自覚するのである*76。

また、大正一〇年から一五年まで大尉、少佐として総務部第一課に在職した今村均は、同課の主管業務を編制、装備、軍動員、国家総動員などとした上で、参謀本部と陸軍省、教育総監部の交渉事項はすべてこの課を通して連絡することになっていて、陸軍全体の動向を知るのに利便があったと記した*77。総務部第一課は参謀本部の渉外課として陸軍省軍務局軍事課と交渉して予算の獲得、政策の実現を図るが、参謀本部内では第一部第二課と予算をめぐって交渉を重ねることになる*78。陸軍全体の統制、調整を陸軍省軍務局軍事課が予算を手段として行ったように、総務部第一課がその軍事課との関係をもとに参謀本部内の政策の選択や予算による統制を担ったことになる*79。

付言すれば、そこから参謀本部内部の勢力争いも生じることになる。先に述べたように大正末、昭和初めの軍縮期を経て満洲事変が過ぎても省部間では予算を掌握する陸軍省の優位が続いていたが、それは参謀本部の各部、とりわけ総務部と第一部の関係も左右することになった。すなわち当時の参謀本部内では、戦時にかかわる作戦関係よりも平時的な総務関係、換言すれば陸軍省に近い方が重視され*80、予算や編制を担当する部門が大事として、総務部長が参謀次長の次と位置づけられて事務の調整に当っていた*81。稲田正純の述べるように、陸軍省軍務局軍事課とつながる第一課を有する総務部が参謀本部代表のような形をとっていたのである*82。それは作戦用兵を掌る第一部の反発をもたらすことにもなり、総務部と第一部の主導権争いがひいては陸軍部内の派閥抗争にも発展していくことになる。総務部系統の者が宇垣系やいわゆる統制派に、第一部系統の者がいわゆる皇道派に分類されたのである*83。

参謀本部内部の勢力配分を決めるのは陸軍省軍務局軍事課との親疎、遠近だった。すなわち政策の実行に不可欠の予算の按配に関係することが部内の権力配置決定の重要な要因となっていたのだが、一方ではそれへの反発も内在化されることになったのである。昭和期陸軍の派閥を理解するには、省部各部局の権限と業務の内容、部局間の関係の把握が前提となるといえよう。

本章では省部の幕僚や陸軍省経理局関係者の回想などをもとに、陸軍予算の編成過程やそこでの省部間、部局間の関係、予算を手段とした統制、調整の実態を第二章との関連にも言及してまとめてみた。予算の裏付けを要する政策の形成や予算を手段とした統制、調整が昭和戦前期の陸軍ではどのように行われていたかをある程度明確にしえた。

ここまでの成果をふまえ章を改めて、陸軍予算編成の当事者の日記と陸軍省の公文書、当時の新聞などを用いた事例研究によって、陸軍における政策形成のより鮮明な構図を提示したい。

＊註

1 当時の参謀本部、陸軍省双方に勤務の経験を有する有末精三の談話による。有末『有末精三回顧録』八九、一〇二頁、同『政治と軍事と人事』三〇、八四頁、武藤『軍務局長武藤章回想録』六一頁。

2 『続・現代史資料』第四巻陸軍 畑俊六日誌、三〇頁。なお小林「第二次若槻礼次郎内閣期の政党と陸軍」四六頁は、南次郎陸相と金谷範三参謀総長の下の陸軍では、軍制改革問題について陸軍省に主導権があったことを論じている。

3 『鈴木貞一氏談話速記録』上巻、三二三〜三二八頁。ただし、鈴木はその局にあたる人間の能力の問題があり、人物次第であるとも語っている。

4 戦時に陸軍省に在籍した者は省部の関係について異なった見解を有している。加登川幸太郎は陸士四二期、昭和一三年陸大卒業、一五年六月から一八年一〇月まで軍務局軍事課勤務で、一八年一月からは予算班長をつとめているが、平成五年防衛研究所戦史部で彼が行った講話をまとめた防衛研究所戦史部編「日本陸軍の実力―加登川幸太郎先生講演集」第一集、防衛研究所戦史部、平成八年、靖國偕行文庫所蔵、において、陸軍省の実際の力は参謀本部との関係を見ないとわからないとした上で（八八頁）、陸軍省は参謀本部にがんじがらめにされていたのが実態であり、細かい軍の運用の主導権は参謀本部が握っていた（九六頁）と述べている。この省部関係についての見解は昭和一〇年代後半に彼が目の当たりにした陸軍中央の有様の反映であろう。なお同書第一集、第二集（同前）をもとに加登川幸太郎『陸軍の反省』上・下巻、文京書院発行・建帛社発売、平成八年、が公刊されている。内容の点では「日本陸軍の実力」の方が詳しい。

5　西浦『昭和戦争史の証言』一七～一八頁。同書は西浦が昭和二二年に回想、記述した「越し方の山々」を改題、刊行したものである。「越し方の山々」は昭和三五年防衛研修所戦史部内の資料として謄写版に印されていて（森松茂夫「解題」（西浦『昭和戦争史の証言』）九～一〇頁）、現在防衛研究所戦史研究センターで「西浦進回想録（越し方の山々）」として閲覧できる。西浦進氏追悼録編纂委員会編『西浦進』同委員会、昭和四六年、中の「回想録」はその抄録である。『昭和戦争史の証言』（「越し方の山々」）と『西浦進氏談話速記録』上・下巻での西浦の談話とは重なる部分がある。前者の特長は人物評がはっきりしていることである。後者の談話聴取は「越し方の山々」執筆から約二〇年後だが、西浦は研究者との質疑応答の席に「越し方の山々」を読み直して赴いているような印象を受ける。後者の特長は質問への回答部分といえるだろう。両者の中間の時期に著されたのが西浦進「旧日本陸軍の軍政と其の問題点」（『研修資料』第四集（『研修所資料』第五六号）、防衛研修所、昭和三〇年。巻頭目次では「旧日本陸軍の軍制とその問題点」となっているが、本文冒頭の表題に従った）である。『研修所資料』は防衛庁の内部資料ということだが、本号を含む一部が国立国会図書館や東京大学経済学部図書館に所蔵されている。「旧日本陸軍の軍政と其の問題点」は防衛研修所第二期研修生に対する講話の要点を筆記したもので、創設間もない防衛庁、自衛隊関係者向けの内容である。同号には巻頭の西浦の文章に続いて山本善雄「山本講師講義要録」も「旧日本海軍における軍制と問題点」として収録されている。山本は海軍省軍務局第一課員、同課長と西浦と似た経歴をたどり最後の軍務局長をつとめた。防衛研修所関係の文献の中では、『明治・大正・昭和における政治と軍事の関係に関する歴史的考察』(『研修資料別冊』第一三二号)、防衛研修所、昭和三一年、に西浦進「昭和における政治と軍事の一側面—一軍人の体験と考察」として、同研修所で昭和三〇~三一年に行われた共同研究での西浦の報告と討論が収録されている。なお、波多野『幕僚たちの真珠湾』一九、二二一~二二二、二二一~二二二頁はエリート軍官僚としての西浦を描き、『昭和戦争史の証言』の復刻版である西浦『昭和戦争史の証言—日本陸軍終焉の真実』に新たに付された土門周平(近藤新治)「文庫版まえがき—西浦進戦史室長の想い出」は、防衛庁防衛研修所戦史室長時代の西浦の面影を伝えている。

6 西浦「旧日本陸軍の軍政と其の問題点」四~五頁。

7 同前、一一頁。西浦が陸軍予算編成を担当した時期に経理局主計課員だった者によれば、予算は陸軍行政の基本ということである(伊藤光信「視野の広さと人格の豊かさ」(『西浦進』)二〇六頁)。

8 『西浦進氏談話速記録』上巻、五三頁。

9 西尾勝『行政学』新版、有斐閣、平成一三年、三六八頁。

10 田中新一「予算班長としての彼」(『西浦進』)一九七頁。田中軍事課長の下で西浦は予算班長であった。

11 『今村均政治談話録音速記録』国立国会図書館専門資料部、平成七年、同館憲政資料室所蔵、二〇頁。今村はそこ

で軍務局の優位を戦後の大蔵省が各省の上に見られるようなものと説明している。

12 西浦「旧日本陸軍の軍政と其の問題点」一一頁。

13 同前、三〇頁。

14 西浦『昭和戦争史の証言』一一六頁。

15 戦時、戦後と大蔵省主計局で予算編成にたずさわり、主計局長、次官をつとめた河野一之は、戦後に政治上の地位を上昇させた政党との関連においてだが、予算編成の事務当局者が有すべき矜持を米国予算局長官の言葉を引用して論じている。それによれば、予算を扱う職員の最も重要な資格の一は、物事の大小についての正しい感覚をもつことであり、これがないとその人は誇大妄想か無力感に陥ってしまう。国民生活にとって重要な予算を扱う職員は自分が何か権力のある偉い者であるかの如き錯覚や誇大妄想に陥りやすい一方で、予算の決定を左右する諸勢力に接するとどうにもならない大きな無力感にとらわれるが、大蔵省事務当局はそのどちらであってもいけない。自己の力を過信してはいけないし、自信を失ってもいけない、自らの力の限界はわきまえなければならないが、その意見を主張するに臆してはならないということである（河野一之「わが国における予算編成の構造と過程」（日本行政学会編『行政管理の動向』勁草書房、昭和三二年）七九頁）。

16 真渕勝はウィルダフスキーを引用して大蔵省の行動を理解する鍵のひとつに受動主義を挙げている。それによれば財政当局のなすべきこと、なしうることは提出された計画内容を検討し、問題を指摘し、資料の追加や再調整を求めることであり、その場合の財政官僚の武器は知識や情報というよりも論理的思考能力である。良い大蔵省官僚とは有能な素人のことであり、複雑な問題を十分調査することのできない状況で短時間のうちに決定しなければならないため、討論する能力、論理的矛盾を発見する能力、十分勉強していなくて細部についてよく理解できない議論から誤りを指摘する能力に依存しているとする。その上で受動主義の成否は財政官僚のジェネラリスト行政官としての資質にかかっていると記している（真渕勝「A・ウィルダフスキー予算編成論の研究（一）」『法学論叢』第一一三巻第三号、昭和五八年三月）四六頁）。陸軍部内で軍事課予算班員に求められる資質として西浦が述べていることと重なっているのがわかるであろう。

17　『西浦進氏談話速記録』上巻、五七頁。

18　島貫重節「適切な御指導と板挟みの御苦労」（『西浦進』）二一九〜二二〇頁。

19　西浦『昭和戦争史の証言』五二〜五三頁。

20　秦『統帥権と帝国陸海軍の時代』一四五頁。

21　陸軍機密費についての先行研究としては、まず伊藤隆「大正十一〜十五年の陸軍機密費史料について」（同『昭和期の政治〔続〕』）がある。大正一一年から一五年にかけての陸軍機密費の多くが政治資金として支出され、田中義一の政界進出と関連していたことを指摘している。一方、檜山幸夫「台湾総督府陸軍部機密費関係文書について—台湾陸軍幕僚参謀長宮本照明少将手元文書を事例とする日本近代史料論的考察」（『社会科学研究』第二七巻第一号、中京大学社会科学研究所、平成一九年一月）は、台湾総督府陸軍部（台湾軍の前身）参謀長の手元文書を翻刻するとともに、明治四〇〜四四年度の同部における機密費の金額や使途、同費に関する部内手続などを史料学的・文書学的観点も加味して解明している。本書と対象時期は異なるが、陸軍中央から交付された機密費が末端でどのように処理され、使われていたかの一例が提供されている。ただし、この時期の機密費の使途などを批判して現代政治の諸問題に関係づけようとする部分については、些か性急の感は否めない。ほかに学術論文ではないが、松本清張『昭和史発掘』第一巻（文藝春秋新社、昭和四〇年）に「陸軍機密費問題」という章がある。

22　西浦「旧日本陸軍の軍政と其の問題点」一一頁。

23『西浦進氏談話速記録』上巻、五三～五四頁、西浦『昭和戦争史の証言』四〇頁。大蔵省昭和財政史編集室編『昭和財政史』第三巻歳計、東洋経済新報社、昭和三〇年、一九六頁の「第百三十七表　陸軍軍事費増加推移（一）（決算）」によれば、演習費は昭和七年度約七六〇万円、八年度約九七〇万円、九年度約九五〇万円、一〇年度約一一五〇万円、一一年度約一三九〇万円である。西浦の発言は昭和七年度のことか。機密費については歳出経常部の軍事費機密費を指しているのかもしれない。ほかに満洲事件費機密費があるのは第五章で紹介する。事変勃発後の臨時軍事費中の機密費については、同『昭和財政史』第四巻臨時軍事費、同前、二六六頁に昭和一二年度以降年度ごとの支出済額の陸海軍軍需各省別一覧表がある。岩畔豪雄は軍事課長在任（昭和一四年二月～一六年二月）当時の機密費を三〇〇〇万円と述べていて（『岩畔豪雄氏談話速記録』六二、一二五頁）、事変下の金額の膨張がうかがえるが、上記一覧表中の昭和一二～一五年度陸軍省所管分は二〇〇〇万円から三八〇〇万円の間で推移している。前出加登川幸太郎の後任として、昭和一八年一〇月から西浦軍事課長（同一七年四月～一九年二月）の下で最後の同課予算班長をつとめた稲葉正夫（陸士四二期、昭和一四年陸大卒業）は、事変期の機密費は約三〇〇〇万円と記したあと、「大東亜戦争時代に入ってからは、前期三年間の平均は四五〇〇万円程度だったが、後期二年間一億円、三億円」としている（稲葉正夫「臨時軍事費一千億の行方」『文藝春秋』臨時増刊　読本・現代史、昭和二九年一〇月）一四六頁）。これも上記一覧表の陸軍省所管分の数字とおおよそ一致する。なお、稲葉によれば末期の機密費は昭和二一年度末まで対連合軍の折衝などに使用されたという（同前）。

24『西浦進氏談話速記録』上巻、五七～五八頁、木戸日記研究会・日本近代史料研究会『稲田正純氏談話速記録』日本近代史料研究会、昭和四四年、一八三頁。軍縮期の大正末から昭和初めに参謀本部第一部第四課（演習課）に勤

務していた有末精三は、当時の参謀本部割当の演習費は相次ぐ削減の結果約六〇万円となっていたが、渡し切りの経費のため使途には融通がきいたと記している（有末『有末精三回顧録』五三～五四頁）。

25『西浦進氏談話速記録』上巻、五八頁。

26 西浦『昭和戦争史の証言』四〇頁。満洲事変後急増した陸軍部内の満洲出張要求を抑制することも予算班の苦労した仕事であった。一方でやりくりの結果黒字となった演習費六万円を教育総監部に配当して対ソ戦法研究に重点使用させ、総監部各課や各兵監部、その傘下の実施学校の研究を活性化させることも行っている（同前、四〇～四一頁）。

27『西浦進氏談話速記録』上巻、五三、五九～六〇頁、木戸日記研究会・日本近代史料研究会『西浦進氏談話速記録』下巻、日本近代史料研究会、昭和四三年、二二五頁、『鈴木貞一氏談話速記録』上巻、九七、三六一頁、下巻、一一九、一二一頁、有末『有末精三回顧録』三〇六頁、稲葉「臨時軍事費一千億の行方」一四六頁、高橋正衛「資料解説」（高橋正衛編・解説『現代史資料』第二三巻国家主義運動三、みすず書房、昭和四九年）七〇頁。西浦は梅津美治郎次官が浪人などへの機密費供与を絞って陸軍部外の不評を買った話を紹介している（『西浦進氏談話速記録』上巻、五九頁）。伊藤「大正十二～十五年の陸軍機密費史料について」四五三～四五四頁によれば、『続・現代史資料』第四巻陸軍　畑俊六日誌の編集過程で入手した「機密費支出区分、軍務局長」と表記された帳面には、大正一二年一二月から同一五年六月までの機密費支出の記録が記載されていて、検印と思われる畑の印や花押があるという。伊藤はこの時期軍務局長だった畑英太郎（俊六の実兄）が作成させ所持していたと断定した上で、軍務局長が承認した支出を下僚が執行した際の記録を局長として随時検閲したのだろうと推測している。これより後の時期の機密費出納について西浦進は、軍務局長は人にもよるが機密費に関する部外との接触はなく、局長は機密費を次官から貰ったと述べている（『西浦進氏談話速記録』上巻、六〇頁）。畑は次官から降りてきた一部の機密費をこうして管理していたか、それとも当該時期の次官、宇垣一成と津野一輔が機密費管理を畑軍務局長に委任していたか。第五章第三節で言及する機密費の使用報告から畑が金額、年月日、支出先を控えたとも考えられる。

28 『西浦進氏談話速記録』上巻、五三頁。

29 『昭和財政史』第四巻臨時軍事費、二六五〜二六六頁。

30 稲葉「臨時軍事費一千億の行方」一四五頁。

31 内閣官報局編『明治年間法令全書』第二二巻ノ一、原書房、昭和五三年、一〇六頁。

32 『西浦進氏談話速記録』上巻、五四〜五六頁。

33 稲葉「臨時軍事費一千億の行方」一四五頁。

34 西尾『行政学』新版、三六九頁。

35 『西浦進氏談話速記録』上巻、五六〜五七頁。そこで西浦は自分の頃はそれほど憎まれることはなかったが、優秀な先輩で末路の哀れな人を二、三人知っているとも述べている。また『昭和戦争史の証言』四〇頁では演習費配分に携わってみて予算班は各方面の風当りが強いことがわかったと記し、同書一一六頁では予算班を人の嫌がる仕事をするところ、修養にはよいところと表現している。

36 綾部橘樹「西浦君の回想」（『西浦進』）一六七頁、田中「予算班長としての彼」一九七〜一九八頁、稲田正純「予算班長時代の西浦君」（『西浦進』）二〇〇頁。綾部は西浦が予算班員のときの班長であり、西浦が予算班長の時期の軍事課長が田中、同課高級課員が稲田であった。この三人いずれも西浦は憎まれる予算班の例外であったと述べている。

37『西浦進氏談話速記録』上巻、五二頁。
38 同前、五七頁。
39 同前、六四～六五頁。大蔵省側の証言として、大正九年以降一六年間にわたり主計局で予算編成にたずさわった賀屋興宣は、経理局が陸軍の予算折衝担当だが軍務局が折にふれて顔を出すと述べている（『賀屋興宣政治談話録音速記録』第一巻、国立国会図書館主題情報部、平成一八年、同館憲政資料室所蔵、八頁）。
40『西浦進氏談話速記録』上巻、五六、六五頁。
41 西浦「旧日本陸軍の軍政と其の問題点」一二頁。
42 西浦『昭和戦争史の証言』四八～四九、九八～九九頁。小磯国昭も陸軍省整備局長時代を回顧して、軍需品整備の点で経理局管掌の被服、糧秣などの整備は相当に完備していたが、兵器局管掌業務（機関銃、砲、戦車、自動車など）は経理局に比し著しく遅れていたと経理局の仕事を評価している（小磯『葛山鴻爪』四九二頁）。同省人事局長や同局補任課長、参謀本部総務部長をつとめた額田坦の指摘も小磯と重なる（額田坦『陸軍省人事局長の回想』芙蓉書房、昭和五二年、五七頁）。
43『秘録永田鉄山』一〇七～一一〇頁。経理局員であった森田親三の証言。
44 西浦『昭和戦争史の証言』九八頁。
45 同前。
46 若松会編『陸軍経理部よもやま話』同会、昭和五七年、五頁、矢部敏雄（東京商大卒業、乙種学生第八期、元主計中佐）の証言。偕行社から提案を受けて陸軍経理部の同窓会である若松会が開催した座談会の筆記が『偕行』昭和五五年一〇月号から同五七年六月号に連載されたが、それらをまとめ、資料を補足して刊行されたのが本書である。

47 昭和一一年の二・二六事件後に経理部、軍医部など各部の人事権が陸軍省人事局に一元化されるまでは、経理部の人事権は同省経理局長にあったことも経理部の独自性を担保していたはずである。
48 伊藤「視野の広さと人格の豊かさ」二〇六頁。伊藤は主計候補生第一六期、元主計大佐。
49 『陸軍経理部よもやま話』五九頁、熊谷卓次（東京帝大法学部卒業、乙種学生第七期、元主計中佐）の証言。
50 同前、六三頁、遠藤武勝（主計候補生第一四期、元主計少将）の証言。
51 同前、六五頁、遠藤の証言。
52 同前、五九頁、熊谷の証言。
53 同前。
54 同前、六三頁、遠藤の証言。
55 『西浦進氏談話速記録』上巻、六一頁。
56 『陸軍経理部よもやま話』五九～六〇頁、熊谷の証言。
57 同前、五九頁、熊谷の証言。
58 同前、六四頁、遠藤の証言、西浦「旧日本陸軍の軍政と其の問題点」一六頁。一般新規事項の場合とは違って、軍備充実関係の予算は各局課の発案ではなく参謀本部から来たのを軍事課でまとめた積算内容だから、省議にはかからなかったと遠藤は語っている。
59 『西浦進氏談話速記録』上巻、六二～六三頁、西浦『昭和戦争史の証言』一〇〇～一〇一頁。
60 戦時に予算班長をつとめた加登川幸太郎の談話（加登川「日本陸軍の実力」第一集九七‐九八頁）によるが、軍備計画に伴う予算編成の際には平時でも行われていたであろう。

61『陸軍経理部よもやま話』六四～六五頁、遠藤の証言。
62 有末『有末精三回顧録』三二〇頁。
63 同前、三一〇～三一一頁。
64 教育総監部を含めた陸軍三官衙間の関係について、従来の研究は予算ではなく人事に焦点を当てているようである。例えば加藤『模索する一九三〇年代』第五章第四、五節、大久保文彦「陸軍三長官会議の権能と人事―省部関係業務担任規定（大正二年）に関する一考察」（『史学雑誌』第一〇三編第六号、平成六年六月）。
65 上法『陸軍省軍務局』三三八～三四〇頁。
66 昭和一一年六月に参謀本部の編制が改正され、総務部にあった第一課（編制動員課）と第一部の第二課（作戦課）が合併して第一部第三課（作戦・編制・動員）となる。昭和三年に第一部第四課から第四部第八課となっていた演習課がこのとき総務部に移って第一課となり、第一部第二課は戦争指導を担当する（『日本陸海軍総合事典』第二版三二一～三二三、五一〇頁。五一〇頁に演習課が第一部に移るとあるが三二三頁では総務部に移るとなっている）。井本の証言はこの改正前の編制に基づいている。なお、陸軍では「編制」と「編成」の意味は明確に区別されていた（同前、七六九頁）。本書は昭和一一年六月の改正前の参謀本部を主な対象としているので、第一課（編制動員課）、第二課（作戦課）とする。
67 上法『陸軍省軍務局』三三九頁。航空軍備の計画立案も同様に行われている（防衛庁防衛研修所戦史室編『戦史叢書陸軍航空の軍備と運用〈一〉昭和十三年初期まで』朝雲新聞社、昭和四六年、四五六頁）。
68『最後の参謀総長梅津美治郎』一三九～一四一頁、『秘録永田鉄山』一二九～一三〇頁。同時期に参謀本部第一部第四課に在籍した有末精三も同様のことを記している（『秘録永田鉄山』七一頁、有末『政治と軍事と人事』三〇、八四頁)。

69 「所謂兵力量の決定に関する研究」(稲葉正夫・小林竜夫・島田俊彦編・解説『現代史資料』第一一巻続・満洲事変、みすず書房、昭和四〇年)二六頁。本研究は陸相、次官の承認を得て陸軍省で印刷、団隊長以上に配布することになっている。ここでは帝国議会の協賛に言及していないが、本研究に参加したメンバーの一人、山脇正隆大佐(参謀本部総務部第一課長)が本研究と引き続き行われた「統帥権に関する研究」(同前)をもとに同年七月『偕行社記事』に投じた原稿では、議会の協賛を明言している(「統帥権に就て」(同前)八七、八九頁)。

70 「所謂兵力量の決定に関する研究」二六頁。

71 この研究に引き続いて行われた「統帥権に関する研究」も、その末尾で兵力量は統帥、国務の混成事項ゆえに、前研究の趣旨に基づき統帥機関と政府との完全なる了解の下に、統帥機関が立案し政府の同意を得て決定されるべきものであるとして、前研究と同様「従来実施せられたる総ての例は皆斯の通り」であり、「蓋し是れ条規に照し統帥機関と政府と各各其権限を完全に施行し得る最も合理的の手段である」と結んでいる(「統帥権に関する研究」三三頁)。ただし、前の「所謂兵力量の決定に関する研究」と違いここでは従来の例を別紙に掲げている。そこには帝国国防方針、国防所要兵力、用兵綱領の明治四〇年の策定、大正七年、一二年の改定とともに、日露戦争後の軍備拡張、朝鮮二師団増設、大正一一と一四年の軍備整理といった軍備改変実行の手続が挙げられている(同前、三九〜四三頁)。上述の兵力量決定手続が、財政当局への要求や軍政機関が財政当局と統帥機関との間に入って交渉することを含んでいることからすれば、国防方針等の決定過程よりも軍備の充実・整理計画時の手続を念頭においていたであろう。

72 「所謂兵力量の決定に関する研究」二四頁。

73 有末『有末精三回顧録』三八頁。

74 土橋『軍服生活四十年の想出』二五九頁。このときの人事異動では、土橋中佐以外にも参謀本部総務部長の橋本虎之助中将が陸軍次官に、総務部第一課長の橋本群大佐が軍務局軍事課長に転じている（同前、二二七～二二八、二五〇頁）。

75 小磯『葛山鴻爪』四七〇、四八二～四八三頁。

76 同前、四八二～四八三頁。

77 今村均『私記・一軍人六十年の哀歓』芙蓉書房、昭和四五年、一一九頁。

78『稲田正純氏談話速記録』一一八頁。稲田は続けて、昭和一一年六月に参謀本部改編を行った石原莞爾の狙いは、この第一課と第二課を一つにした新第三課で編制と予算の裏付けのある計画を作ることだったと語っている。稲田は昭和二年から四年、一〇年から一二年と参謀本部第一部第三課（昭和一一年六月以降第四課。通称は昭和一〇年まで要塞課、以後は防衛課）に勤務した。

79 森靖夫『日本陸軍と日中戦争への道―軍事統制システムをめぐる攻防』ミネルヴァ書房、平成二二年、三九、四二頁は、陸軍省と参謀本部の人事を分析して同省軍務局軍事課と同本部総務部第一課の間に人事上の交流があったと述べている。すなわち、表一‐七（四二頁）をもとに「編制動員課長は同課出身者か軍事課出身者から選出される慣行があった」（同前）とした。しかし、この部分を含む同書三六～四六頁の履歴表をもとに陸軍中央の人事慣行を述べた箇所には、所説の典拠となっているデータ（履歴表）に正確さを欠くところが何ヶ所かあり、そこから導き出される主張の説得力を減じている。上記の軍事課と第一課（編制動員課）との関係について見ると、次のようになる。

軍事課長の履歴表（表一‐五、四〇頁）、編制動員課長の履歴表（表一‐七）に加えて参謀本部第一部第二課（作戦課）長の履歴表（表一‐一一、四五頁）や本文中の説明には、何々部・課「出身」や「出身課」という表現が見られるが、この「出身」という概念の定義が不明瞭である。そこで、編制動員課長の履歴表中、軍事課を「出身課」としている者五名（森岡守成、引田乾作、林弥三吉、二宮治重、梅津美治郎）の経歴を改めて調べたところ、彼らは確かに軍事課には「在籍」した。しかし、梅津は陸軍大学校卒業後、参謀本部で編制の業務に長く携わり、中佐の時初めて陸軍省に入り、軍事課高級課員をつとめたと彼の伝記（『最後の参謀総長梅津美治郎』一三四頁）にある。こうした梅津の「出身課」を軍事課としてよいだろうか。表一‐七の中では、むしろ参謀本部の「編制」出身とすべきではないか。また二宮は大正七年七月から八年四月にかけて中佐として軍事課に在籍したが、七年一二月に講和会議随員として欧州出張を命ぜられている。陸大卒業後、編制動員課長就任までの経歴では参謀本部部員や臨時軍事調査委員、陸大教官の時期が長い。森岡は大尉として明治三三年三月末から一一月初めまで実質七ヶ月軍事課に在籍したにすぎない。陸大卒業後、編制動員課長就任までの経歴では、部隊長や参謀としての部隊勤務が長く、ほかに陸大教官や大使館付武官をつとめている（各人の経歴は上記梅津の伝記以外に『日本陸海軍総合事典』と上法『陸軍省軍務局』の付録「軍事課の歴史」五六五～五七四頁の軍事課員名簿に基づく）。

短期間の在籍では所属課の中核を占める業務に習熟するいとまはない。「出身」という言葉には単なる「在籍」以上の意味が伴うように思う。陸大を卒業した大尉は原隊で中隊長を経験したあと教育総監部を含む陸軍中央三官衙のいずれかに配属され、勤務将校として一定期間所属して業務を習得する。そこで身につけた知識や技能がその後のキャリアの基盤を形成していくと考えてよいだろう。梅津の「出身」を軍事課とするのではなく、彼の伝記（一三一、一三四頁）に示されているように、参謀本部の「編制」とすべきとするのもそのためである。付言すれば、軍事課高級課員、軍事課長と相次いで梅津の跡を襲った永田鉄山に関して、軍事課長履歴表（表一‐五）では軍事課出身と分類しているが、永田も梅津同様に同課高級課員として初めて陸軍省勤務となっている。「出身」という用語を使うなら永田は教育総監部出身といった方がふさわしいのは、伝記を読むまでもなく事典などで履歴を確認すればわかるはずである。

永田を除く上記三名を「軍事課出身者」五名のうちに含めた上で「編制動員課長は同課出身者か軍事課出身者から選出される慣行があった」と述べるのはいささか強引の感がする。所説の重要部分をなす概念については誤解をまねかないように明確にすることで、その主張の説得力が増すはずである。また、データから自説を導き出す際には条件や留保を付しておくべきだろう。

次に、編制動員課長の履歴表（表一‐七）では、作戦課長の履歴表（表一‐一一）と同様に、多数のサンプルについて「参謀本部部員であるが出身部課は未詳」との説明が付いている。前者では一三人のうち四人、後者では一二人のうち半数の六人に及んでいる。それらを勘定に入れずに説明を進め、結論を抽出しても説得力は乏しい。初出論文（森靖夫「近代日本の陸軍統制と満州事変—一九二二～一九三三年（一）」（『法学論叢』第一五九巻第四号、平成一八年七月））九九頁註25には、参謀本部員の補職発令には部課が記載されないため、部員レベルの配属先特定は困難という弁明が記されているが、防衛研究所戦史研究センター所蔵の参謀本部関係資料で「高等官職員表」を見れば特定できる。そうした資料から事実を丹念に拾ってデータを充実させ、不確実性を減じることで所説の信頼性を増すべきであろう。陸軍省軍務局軍事課と参謀本部総務部第一課（編制動員課）の人事上の関係を指摘する言説も、こうした作業を加えることによって説得力が増すはずである。

80 『西浦進氏談話速記録』上巻、三三～三四頁。

81 同前、八一～八二、八四頁。本章冒頭でも言及した昭和六年度予算編成過程の最終局面での陸軍予算案に関する参謀本部内の協議は、参謀次長、総務部長、第一部長、総務部第一課長によって行われている（『続・現代史資料』第四巻陸軍　畑俊六日誌、三〇頁、昭和五年一〇月二九日、一一月三、九日）。

森『日本陸軍と日中戦争への道』に関しては、参謀本部における総務部長の位置づけを説明したところにも不可解な点があるので指摘しておきたい。陸相の履歴表（表一‐二、三七頁）や参謀次長の履歴表（表一‐八、四三頁）の備考に、参謀本部第一局長は作戦業務と編制業務を管掌すると記されている。そして、表一‐八の中でも「第一局長」は「編制」と「作戦」にまたがるように表記している。しかし、表一‐八をもとに参謀次長に関する人事慣行を検討している本文では、第一局長経験者を編制業務関係の総務部長（表一‐八では「編制」部長となっているが正しくは総務部長）にのみカウントして、第一部長（作戦部長）にはカウントしていない。その上で参謀次長に昇格した部長で圧倒的に多いのは第一部長ではなく総務部長だった（同書四三頁）と結論づけるのはいささか早計ではないか。備考の記述や表中の記載に従って第一局長を両方にカウントすれば、次長のうち総務部長経験者が八名、第一部長経験者は七名となり、ほぼ同数である。また、表一‐八中に二回登場する児玉源太郎は第一局長も経験しているので、厳密にいうと同書の対象としている時期の歴代次長のうち総務部長（第一局長を含む）経験者七名、第一部長（第一局長を含む）経験者六名となる。ただし、同表中の児玉源太郎の二回目や同じく二回登場している福島安正の一回目は正確には参謀本部次長事務取扱だが、それを正規の参謀本部次長（参謀次長と改称されるのは明治四一年一二月）とカウントしてよいかという疑問は残る。

森著の備考や表中の記載に忠実に従うと上記のような訂正が必要になるのだが、実は第一局長を総務部長にのみ置き換えるというのは間違いではない。明治二一年五月一二日勅令第二五号陸軍参謀本部条例第四条によれば、第一局の管掌事務は「出師計画及団隊編制」と「交通法の調査」である（内閣官報局編『明治年間法令全書』第二一巻ノ一、原書房、昭和五三年、七二頁、『日本陸海軍総合事典』第二版五〇七頁）。「出師」はのちに専ら海軍の用語となるが「動員」に相当する（『日本陸海軍総合事典』第二版七四四頁）。すなわち第一局は編制と動員を主務としており、のちの総務部に相当すると見てよい。「出師」を作戦業務としたのが誤りなのである。備考や表の不正確な記述が疑念を生む原因となっている。なお第一部（作戦部）に相当するのは上記陸軍参謀本部条例第四条が「国防及作戦計画並に陣中要務の規定」と「外国軍事の調査」を分担させると定めた第二局である（『明治年間法令全書』第二一巻ノ一、七二頁、『日本陸海軍総合事典』第二版五〇七頁）。第一局が編制動員、第二局が作戦と情報という役割分担は明治一九年三月一八日勅令無号の参謀本部条例第一〇、一一条（『法規分類大全』第四六巻兵制門〔二〕、四四一～四四二頁、『日本陸海軍総合事典』第二版五〇六頁）を受け継いでいる。

「はじめに」に記したように、官僚機構の動態を人事によって分析するのは容易ではない。異動の狙いや背景を確実な資料によって説明するのは困難を伴うことが多いからである。それを統計的手法で補おうというのなら、条件の設定に細心の注意を払うべきであろう。官僚機構としての陸軍省や参謀本部の局部課間の関係を理解するには、本書が試みてきたように、各部署がどのような権限を有していたかを陸軍省官制や参謀本部条例などに基づいて把握した上で、実際の業務の進行を同省や同本部の内部文書（たとえば「陸軍省大日記」や「参謀本部歴史」所収の文書）や関係者の日記、回想録を検討することが大切と考える。そうした作業を進めて一定の構図が提示できるようになると、時期による相違を確認できるし、他省庁との比較も可能となって議論の幅が広がるはずである。

82 稲田正純「日華事変と参謀本部の雰囲気」（中村菊男編『昭和陸軍秘史』番町書房、昭和四三年）二一四頁。

83 有末『政治と軍事と人事』八四頁、『西浦進氏談話速記録』上巻、八二～八三頁。

第四章
昭和一〇年度陸軍予算編成

軍事課予算班長の仕事

本章と次章では、前章までにすでに明らかにした陸軍予算の編成に関する制度的枠組みと慣行を検証するため、陸軍関係者の日記、公文書、当時の新聞などをもとに、昭和八年（一九三三）から一〇年にかけての時期の陸軍予算編成過程と、予算に関わる個別の案件として機密費の管理の過程を事例として紹介する。それによって、最大の政治勢力となっていく昭和戦前期の陸軍における予算編成を通じての政策形成の構図と、予算を手段とする陸軍部内の統制、調整の実態をより明確な形で提示したい。

中心となる資料は、昭和八年から一一年にかけて陸軍省軍務局軍事課で予算班長をつとめた高嶋辰彦少佐の日記である*[1]。高嶋は明治三〇年福井生まれ、名古屋地方幼年学校、中央幼年学校を経て大正七年五月陸軍士官学校卒業（三〇期）、同年一二月少尉、歩兵第三八連隊付、一一年三月中尉、一四年一一月陸軍大学校卒業（三七期）、一五年一二月軍務局付勤務、昭和二年三月大尉、三年四月軍務局課員（軍事課）、四年一月ドイツ駐在、七年八月少佐、同年一〇月歩兵第四三連隊大隊長、八年一一月軍務局課員（軍事課）というのが本書の対象とする時期までの経歴である*[2]。

予算班の業務や予算班長という地位については第三章でも述べたが、同班長は代々少佐のポストであった。稲田正純によれば将校として一番仕事が出来るのが少佐のときであるという。陸大を卒業して隊付を終えた大尉は中央の省部で二年ぐらいかけて仕事を覚え、その上で政策の起案などにあたって能力を発揮するのが少佐の時期であった*3。高級課員（中佐）以上の幹部が業務を熟知しない場合、班長など少佐クラスが実務を掌握することになる*4。高嶋はそうした時期を軍事課予算班長として迎えたのであった。陸軍予算編成という重責を担うことになる。

高嶋自身は軍事課予算班長の仕事について、「広く陸軍全予算案各課目別の詳細から、時局下国防の重任完遂の為の大局長期に及ぶ深察を必要とした」と述べ、それは「恰も不利な、戦勢下での将帥としての思索苦心」であったと振り返っている*5。第三章第一節で見た西浦進の所感と重なる。また当時の陸軍軍政当局が直面していた課題を予算班の業務と関係づけて次のように記している。

軍事課として果たすべき案件については、当時の世界の大勢に適応するために、統帥部、特に対外部隊の軍備増強、装備改善についての要求は、かなり強いものがあった。ところが他方政府、特に財務当局は、国内の窮乏に対処する立場から、強い緊縮の方針を堅持して譲らない。この間に立って大臣、次官、局長、課長らが対処する努力と心労は、並み大抵のものではなかった。その間の事情は、私の主任事項が、陸軍予算という特殊の部門に属するものであったため、直接首脳者間の折衝にも、補佐として列座していたため、可なり詳しく体験している*6。

陸軍部内からは省内各局課や参謀本部、関東軍をはじめとする部隊の諸要求を受け、政府の予算編成方針や大蔵省との折衝の戦略を念頭において、その膨大な予算要求の取捨選択という要務を担うのが軍事課予算班長だった。予算要求という形に現れる陸軍内各部局の政策動向を把握した上で、その実現を図るべく陸軍としての予算案を編成し、軍事課長、軍務局長を経て陸相の決裁を得なければならない。ほかにも重要任務を抱えるこれら上官に陸軍予算の関係する種々の案件を説明し、承認を得て責任を負って貰うのが予算班長の役目といえよう*7。そして大蔵省との折衝を通して財政の制約ゆえに強いられる項目や金額の削減については陸軍部内の説得に努めなければならない。高嶋が予算班長として担う重責は以上のように要約できるであろう。

そのような立場にあった高嶋の日記を中心に陸軍の内部文書なども検討して、以下に昭和八年度から一〇年度にわたる時期の予算に関わる陸軍部内の諸関係を考察し、それによってこの時期における陸軍の政策形成の構図と部内の統制、調整の実態を解明したい。まず昭和九年度中に行われた一〇年度陸軍予算の編成過程*8を概観し、陸軍予算編成に伴って各年度を通して現れる主要な問題（軍事課予算班や経理局の役割、予算をめぐる省部の関係など）を論じて陸軍の政策形成とそこでの統制、調整の構図を描き、そのあと章を改めて、予算に関わる個別の案件として昭和八、九、一〇年度の陸軍機密費を考察していくことにする。

防衛省防衛研究所戦史研究センター所蔵で、アジア歴史資料センター（http://www.jacar.go.jp/）を通して閲覧できる「陸軍省大日記」中の文書は、その表紙（陸軍省では審案用紙といっていた）に記されたその案件の起元庁（課）名や連帯課名、大臣、次官、副官、主務局長、主務課長、主務課員の捺印や欄外に押された課の受領印などを、あとに続く文書自体の内容と関係させると、陸軍における政策の形成や決定の過程について種々の示唆が得られる*9。

一方、高嶋少佐は昭和九年度中を軍事課予算班長として過したため、「高嶋日記」は昭和一〇年度予算編成過程の始終を記録している＊10。その日記を当時の新聞＊11を含む他の資料で補うことで、昭和一〇年度予算編成を通して陸軍の政策形成の構図や予算を手段とした統制、調整の態様をより明確に提示できるであろう＊12。

第一節　陸軍部内の予算編成作業

部内要求のとりまとめ

昭和九年度予算が上奏裁可を得た三日後の昭和九年三月一九日には、すでに昭和一〇年度予算編成作業に着手している旨の記述が「高嶋日記」には見られる。高嶋予算班長は四月に入り「終日よ〔ママ〕算問題の研究」（九、一〇日）を行ったあと、一六日に「予算に関する通牒を完成」している。第二章第一節で見た陸軍省所管予算事務順序第五条が、四月一日までに陸相宛提出、その決裁を得て同月五日までに省内各局課に伝えると定めている歳出予算方案のことであろう。同条はまた同案の起案は経理局主計課によると定めていたが、この日記の記述によると実際には軍務局軍事課予算班が主導権を握っていたことになる。ただし「昭和十年度予算編成の方針、大臣の決裁となれり」と高嶋が記したのは五月一〇日であった。法規上の期限が空文化している。この間には、実弟の有罪判決を理由とする林銑十郎陸相の進退問題（四月一一日に辞意表明、一五日に留任決定）、陸軍長年の懸案であった航空兵操典の制定＊13（四月九日非公式軍事参議官会議、一三日陸相奏上、一七日正式軍事参議院可決、勅裁、公布）、四月二一日から五日間にわたる参謀長会議の開催、二七日靖國神社臨時大祭、二九日天長節観兵式などが続いていて陸相の決裁が遅れたのだろう。

高嶋はその間に四月一七日、二八日、五月一日、八日と軍事課編制班と会議をもって予算編成に備えている。

陸軍省所管予算事務順序第六、七、八条は各局課と経理局主計課による歳出概算書の調製を規定し、第九条が五月三一日までの歳出概算書の陸相から蔵相宛の提出を定めていた。一方、「高嶋日記」には五月下旬から六月上旬にかけて、「予算審議」「予算に多忙」という記載が相次いで現れる。六月一二日に「新規要求に関し研究」という記述があることから、この多忙の一因は各課提出の一般新規要求の審査であったのだろう。

それとともに参謀本部からの兵備改善に関する要求が加わる。六月一一日に「参本第一課の兵備改善等に関する意見、要求の説明を承る」と高嶋は記している。第二章第二節で言及したように、参謀本部総務部第一課は「陸軍予算に関する事項」を担任していた。同課が参謀本部内の要求をとりまとめて陸軍省軍務局軍事課と折衝する役割を果たしているのが確認できた。「説明を承る」という丁寧な表現もこれが陸軍部内の公式の協議であることを示しているように思う。陸軍は既定経費残額に新規要求を加えて時局兵備改善計画を実施していたが*14、この継続事業の最終年度（一〇年度）を前に、参謀本部としての要求を総務部第一課がとりまとめ、軍事課予算班に伝えてきたということだろう。兵備改善は昭和一〇年度陸軍予算の重点のひとつであった*15。

六月一三日には高嶋予算班長から軍務局長（永田鉄山少将）に予算の説明がなされ、軍事課員一同が傍聴している。そのあと一四日に軍務局議が行われ、そこでの修正に基づき一五日に省内各課に改めて要求の提出を依頼している。軍事課予算班長が同課編制班長（青木重誠中佐）とともに経理局主計課に説明したのはそのあとだった（一六、一八日）。そして一九日に経理局主計課と共に各課提出事項を審議した上で、二〇日に「昭和十年度予算の計画見込を作製」している。この経緯からも陸軍予算編成の主導権は軍事課予算班にあったことがわかるであろう。二三日に高嶋は改めて軍務局長と軍事課長（山下奉文大佐）に予算の説明を行っている。このようにして省議に提出される案が出来上がっていったと考えられる。もちろん主計課も関与していて、省議を前に打合せ（二七日）や再査定（二八日）を予算班、主計課協同で行っている。しかし、三〇日に「省議提出の為めの次官に提出の書類を起稿」したのは軍事課予算班長の高嶋であった。第三章で論じたように、陸軍予算編成全般の要は軍務局軍事課予算班であり、経理局主計課が実務面で支えているという構図である。

陸軍予算省議

政府全体の動向としては、五月下旬に大蔵省高官の召喚が相次ぎ、帝人事件（帝人株取得をめぐる贈収賄疑惑に端を発した疑獄事件）が新聞で大きく報じられるようになって政局の流動化が始まり、そのため内閣レベルの予算編成方針の閣議決定が遅れて各省事務の渋滞が伝えられている（東朝六月一一、一五日）。二五日の大蔵省議を経て二六日の閣議に高橋是清蔵相から提案された昭和一〇年度予算編成方針の大蔵省案が原案通り可決され、各省に通達されたが（東朝六月二六、二七日）、その骨子は歳計収支均衡回復めざして公債発行額を減らすこと、各省新規要求は緊急やむを得ない事項に限ること、既定経費節減に努めること、時局匡救費は九年度限りで打ち切ること、各省歳入歳出概算は九年七月三一日までに提出することなどであった*16。

七月三日には斎藤実内閣総辞職となり、次いで八日に岡田啓介内閣が成立している（林陸相留任）。岡田内閣は前内閣の予算編成方針を継承することとなり、藤井真信蔵相が一〇日の閣議で概算提出時期を一〇日繰り下げて八月一〇日にした以外は変更のない同方針を説明した上で（東朝七月一一日）、改めて各省に通達している*17。

七月上旬、陸軍省では高嶋予算班長が七日、一〇日と「省議準備にて多忙」な日々を送っていた。九日には「経理局長及軍務局長より大臣、次官に一般新規事項及兵備改善事項の要項につき説明、報告せらる。余等立合す」と日記に書いている。目前の予算省議の課題が一般新規要求と兵備改善となるのは先に見た通りである。軍務、経理両局が陸軍予算編成を担っていることを第二、三章で述べたが、それがここでも実証されている。

陸軍予算省議は七月一一、一二の両日に催された。「午前九時より省議、十二時迄に終らず明日に持越す。概ね順調に行きたり。午後は各課と今日の後始末を為す」（一一日）、「午後三時より省議あり、概ね大部分を決定し、一段落となれり」（一二日）というのが「高嶋日記」の記述だが、新聞がある程度まで省議の内容を報じている。歳出経常部の一般新規事業については従来財政状態の関係から要求を差し控えていたが、一〇年度には相当の増額を考えていること、同臨時部の満洲事件費、航空部隊充実費などについては目下研究中で八月に改めて予算省議を開き決定する方針であるということであった（東朝七月一二日）。高嶋のいう「大部分を決定」したのは、おそらく一般新規要求のことであろう。

八月一日付の陸軍定期異動では次官、経理局長の更迭に加えて軍事課では課長、高級課員、編制班長に新たな人材があてられることになり*18、七月下旬の内命の段階から軍事課は、「経理局長退職とかにてがや〱せり」（二〇日）、「課もざわ〱し課長交代の諸整理に多忙なり」（三〇日）、「一日落着かず」（八月一日）という状態にあったことを高嶋は記している。しかし、彼は七、八日と新任の軍事課長（橋本群大佐）に予算を説明し、二日から一〇日にかけては満洲事件費に関する単価調査と他部局との交渉を続けていて、予算班長として席の暖まる暇もない日々であった。一三日に予算班、編制班で綱島（神奈川県）に出かけ、一泊して積算要領の作成に集中している。兵備改善関係予算の積算要領かと推測する。

概算要求と参謀本部

新聞記事によれば、八月一〇日の期限に陸軍省が大蔵省宛に提出した歳出概算は経常部の一般新規要求だけだったようである。未提出の満洲事件費、航空防空充実費、兵備改善費の推定額などを加えて、陸軍新規要求総額は約三億五〇〇〇万円と報じられている（東朝八月一一日）。

歳出臨時部に属するこれら未提出の概算の作成が急がれることになるが、一五日に高嶋予算班長が一〇年度予算に関する参謀本部、大蔵省との折衝の腹案を研究の上、軍事課長、高級課員（土橋勇逸中佐）に報告しているのは、陸軍省がこの両者の間に介在する存在であることとともに、参謀本部が要求元として無視できないことを示している。実際、高嶋は一七日には軍務局長に一〇年度予算を説明した上で、局長に随って参謀本部を訪ね、参謀次長（杉山元中将）、総務部長（山田乙三少将）、第一部長（今井清中将）への説明を行い、そのあと陸相官邸での陸相、次官（橋本虎之助中将）への説明に立ち会っている。二〇日の「高嶋日記」に「参謀本部との兵備の問題に関し奮闘す」という記述があることから、この間の一連の部内折衝は兵備改善に関係するとわかる。

一方、陸軍以外の概算が出揃って膨大な各省要求の輪郭がつかめてくると、財政の現状を憂慮する大蔵省は、厳しい査定を施す前に各省に自発的な要求の撤回を求める意向も示すようになっていた（東朝八月一八日）。こうした大蔵省との折衝に先立っても、予算班長は陸軍としての対策を立てる必要があったのである。一八日にも高嶋は「作戦計画に関する作文を書き、午後も同様。大蔵省が相当急ぐ模様なるも、仲々思ふ様には行かず」と日記に書いている。予算要求を大蔵省に呑ませるには、その背景として作戦計画を説明するのが有効だったであろう。しかし、同計画は機密事項であり、統帥部の作戦用兵担当、参謀本部第一部第二課に同省への説明をさせるわけにもいかず[19]、一方で普段同省と接触しているが兵科将校ではない経理局主計課員にも任せられず、軍事課予算班長の出番となったと思われる。これより先の一一日に、高嶋は「第二課に至りて一般問題につき論議」しているのはこのためか。ただし第二課が予算獲得のためとはいえ作戦計画の詳細を教えるとは思えず、それで「仲々思ふ様には行かず」と苦慮しているのだろう。予算をめぐって参謀本部と大蔵省の間に入る軍事課予算班の立場をよく物語っている。

二〇日から高嶋予算班長は編制班と共に綱島に二泊して、今度は航空防空充実費の積算要領作成に従事している。第三章第四節で述べたように、積算要領はこのあと省内各局課に回されたのだろう。九月一日の「高嶋日記」には同費の集計が総額九億四七〇〇万円に達したので繰り延べ案を研究すると記されている。

省部間の折衝

八月下旬に高嶋予算班長は陸相、次官、局課長への進言を相次いで行っている。二四日には財政全般について軍務局長、軍事課長立会いの下、経理局長（平手勘次郎主計総監）、主計課長（大城戸仁輔一等主計正）、陸相に、二五日には在満地上兵備に関して同じく局長、課長に同伴して陸相、次官に進言するという具合で、軍事課予算班長が陸軍予算編成作業の中心的存在であったことが改めてわかる。高嶋は二六日の日曜日に陸相への説明と陸相の参謀本部への説明などを起案したあと、翌二七日に陸相の意向で催された陸軍省、参謀本部の首脳部による会議に臨んでいる。前者からは陸相、次官、局長、後者からは参謀次長、総務部長、第一部長が出席した。第三章第五節で見たように、参謀本部各部のうち軍備計画に関する予算編成に関与するのはこの両部であった。新聞によると、この会議では一〇年度予算新規要求費目中、省部間に意見一致を見ない兵備改善費について協議が行われている。同じ記事では、八月中に大蔵省宛提出予定の新規要求額について、兵備改善費八〇〇〇万円、航空部隊充実費七〇〇〇万円、満洲事件費一億三〇〇〇万円、既定継続費である作戦資材整備費の一〇年度年割一億一〇〇〇万円、合計約四億円に達するとの推測がなされている。これに先に提出済みの一般新規要求一六〇〇万円や経常部の既定歳出約二億円が加わるのであった（東朝八月二八日）。

兵備改善費に関しては、先に見た六月の総務部第一課の申し入れにもわかるように参謀本部の重視する費目であった。この八月下旬の省部間の協議でも参謀本部の意思が重視されたようである。高嶋は八月二七日に「次長は結局原案固執に決し、参謀総長宮殿下に御許可を得ることとなる」と記したあと、翌日に「次官官邸に次官を訪ひ、当事者の心境を述ぶ。次官も已むを得ざる事情を述べらる。次長は総長宮殿下の御許しを得に至る」、二九日には「参本より決定案来る。夕刻迄に覚書を作製す」と日記に書きとめている。兵備改善のように作戦用兵に直結する経費については統帥部の意向が重視されたのだろう。この案で大蔵省を説得できるだろうかという不安が予算班長をして次官に相談に向わせたのかもしれない。参謀本部が陸軍予算編成において一定の役割を果たしていることがわかる。その参謀本部との間に覚書を作成しているのは注目されよう。省部間の了解事項を文書にしておき、今後の大蔵省査定や予算閣議に備え、陸軍省として参謀本部に枠をはめたのだろう。陸軍予算を編成していく上では参謀本部の統制が重要であり、軍事課予算班の主要な任務であったという第三章の論点のひとつがここで実証されている。

大臣と幕僚

概算提出が迫る中、二九日に開かれた非公式軍事参議官会議で軍事参議官たちに予算案の大綱が説明された際に、林陸相は予算問題は簡単ではないので援助を乞うと挨拶した＊20。三〇日には「大臣、財務当局方面の難色につき語る。大臣が軽々に辞意を洩すが如きことなき様進言す」との記載が「高嶋日記」に登場する。要求金額が肥大化していく中で、陸相は弱気になったか。大蔵省との折衝を考えると、陸軍予算編成の実務上の責任者としては、このような早い段階で陸相が妥協したり辞めたりすると困るのである。しかし九月一日に陸相は高嶋予算班長に「六億以上となることは絶対不可なることを命ぜらる」。省益（というより軍益か）を優先したいのが少佐クラスの意向だとしたら、陸相は閣僚として、国務大臣として、国政全般への目配り、財政の窮状への配慮が欠かせないのだろう。概算要求総額の肥大化を一定範囲に抑えるべく陸相がリーダーシップを発揮しようとした場面である。

「高嶋日記」には九月一日から軍事課編制班員、経理局主計課員と船橋（千葉県）に一泊して満洲事件費の積算要領を書いたという記述が見られる。三日には「以降、九月八日迄満洲事件費集計の査定に大童となる。多忙なり」と、九日には「今日集計出来、満洲事件費は大約一億七千万円となり、予想通りなりき」と記しているので、積算要領が陸軍部内に回されて同費に関する部内の要求がまとまり、残っていた概算の提出にも目途が立つようになった。このように見てくると、陸軍予算のうち歳出経常部の一般新規要求は陸軍省所管予算事務順序に沿って省内の手続を行い（ただし期限は空文化している）、金額が大きく歳出臨時部に属する満洲事件費や、継続費を含み複数年度にまたがる航空充実や兵備改善関係の要求とりまとめには同順序では対処が難しいためか、随時積算要領を作って対応して概算提出に至っているのがわかる＊21。第三章第四節で述べた通りである。

大蔵省はすでに概算提出済みの省から説明を聴取して査定に着手しようとしていた（東朝九月一、五日）。経理局の担当のためか「高嶋日記」に記述はないが、陸軍省は九月上旬に残りの概算の大体を大蔵省宛に提出したようである。九日の新聞は陸軍省の要求について、経常部二億円、臨時部作戦資材整備費一億一〇〇〇万円の既定歳出に加えての新規要求として、満洲事件費一億五〇〇〇万円（上述の「高嶋日記」の記述とは二〇〇〇万円の隔たりがある。提出前に陸軍部内で減額したか）、航空防空充実費七〇〇〇万円、兵備改善費八〇〇〇万円、総額六億円突破と報じている。このうち作戦資材整備費は一〇年度限りなので、新たに兵備改善費を継続事業として、その初年度分を新規に要求することになったと解説されている（東朝九月九日）＊22。軍備充実の継続を意味する費目だからこそ、ここまで見てきた経緯からもわかるように参謀本部がこの費目を重視したのである。

第二節　陸軍と大蔵省

大蔵省との意見交換

概算提出後は大蔵省の査定待ちとなるので、九月一七日、二〇日の「高嶋日記」には多少閑暇となった旨記されている。ただし、その間にも要求実現を狙って陸軍関係者は大蔵省幹部と接触している。一二日には陸相官邸に大蔵省予算関係者を招いて懇談会を催した。大蔵省側から次官（津島寿一）、主計局長（賀屋興宣）、予算決算（山田龍雄）・司計（入江昂）両課長が出席、陸軍側からは次官、軍務・経理両局長、軍事・主計両課長など予算関係者が列席した。関東軍参謀長（西尾寿造中将）が満洲国の状況、関東軍の状態を説明、大蔵省は主計局長が財政の現状、今後の財政方針、一〇年度予算編成方針を説明した上で、晩餐を共にして陸軍予算について意見を交換し、相互の了解を深めたとのことである（東朝九月一三日）。高嶋予算班長が二一日の日記に予定として記しているように、二二日には今度は陸軍側が大蔵省を訪れて情勢の説明を重ねている。次官、軍務・経理両局長、軍事・主計両課長などが大蔵省に次官、主計局長、予算決算課長を訪ね、現下の国際関係、列強軍備、満洲の治安と辺境の情勢などを説明して予算査定の基礎材料としたと報道されている（東朝九月二三日）。

このあと、新聞は大蔵省による陸軍概算の査定開始を伝えるが、それによれば、満洲事件費を一億円、航空防空充実費は三〇〇〇万円だけ承認し、一般新規要求は削除、未提出の兵備改善費は留保してひとまず新規要求を一億三〇〇〇万円だけ認めるのが大蔵省の方針であるとのことだった。兵備改善費の概算は近く提出予定とされている（東朝九月二四日）。高嶋予算班長はこの記事を読んだのであろう、二四日の日記に「陸軍関係予算に大体第一回査定を為したるものの如く、今後の難関を予想せらる」と書いている。新聞に出た減額幅が大きく大蔵省との今後の折衝の難航を予想している。概算を提出した側としては、試験後に答案の評価を待っているような心境だろうか。

一〇月六日に「愈々来る筈なり」と期待していた高嶋は、日曜日の七日に「今日大蔵省第一回査定案新聞に出て予算の研究」を自宅で行っている。新聞の予想する大蔵省主計局の陸軍新規要求査定の内容は、陸軍要求の各項目は承認する一方で、金額減少を図るため、単価引下げ、事業内容によっての後年度繰越し、継続事業の完成年度延長、航空防空を二分して航空優先防空繰り越しなどを駆使しているのに加え、未提出の兵備改善費は計上しないものと見なして、要求額の五割三分を承認（たとえば満洲事件費一億円、航空防空充実費二五〇〇万円、一般新規要求五〇〇万円など）というものだった（東朝一〇月七日）＊23。七日の新聞記事をもとに翌八日「早速予算関係の研究」を始めた高嶋予算班長は、「約一千万円を節減するにも相当の骨折あり」と感じている。一一日には「予算問題に関し、主計課と打合せ」を行い、一三、一五、一六日と査定案を研究して二二日には「昭和十年度予算の研究を一通り了す」とある。新聞報道で大蔵省査定の動向を読み取って予め対策を立てているのだろう。

各省概算の査定を終えた大蔵省は二七日から予算省議を開いて、歳入見積りに次いで歳出予算案の審議に入っている（東朝一〇月二八、二九日）。二九日に陸軍省所管分を取り上げていて、満洲事件費は九年度同様一億三〇〇〇万円、航空防空充実については航空中心にして防空は一部計画のみ計上にとどめ、一般新規要求はほとんど削除して、新規要求一億五〇〇〇万円の承認との報道であった（東朝一〇月三〇日）。ただし、こうした新聞の報道はあくまで大蔵省査定の推定にとどまる。正式の査定案は予算閣議に際して大蔵省から各省に提示されるのであった。その閣議が近づいてくると高嶋予算班長は「予算問題も迫り、気の忙しくなる」（二九日）日々であった。一一月四日には「愈々明日より多忙なる日を送らざるべからず」と覚悟を定めている。

大蔵省査定案と復活要求

一一月初めに大蔵省議が終わり、予算閣議は五日開催となった（東朝一一月二日）。五日の「高嶋日記」によれば、大蔵省査定案はその前夜に陸軍に通知されている。「４５０、｜、｜〔ママ〕にて問題にならず」と高嶋は記した。新聞によれば五日午後の予算閣議に大蔵省から示された概算査定案は、歳出総額二〇億四二八九万円、うち陸軍省所管分は四億五〇〇〇万円（経常部一億六六〇〇万円、臨時部二億八四〇〇万円）で、このうち新規要求承認額は一億六六〇〇万円であった。陸海軍予算の大削減、猛烈な復活要求なすべく軍部は姿勢強硬と伝えられている（東朝一一月六日）。

陸軍省では同日に軍務局議を開催、さらに軍務・経理両局長と軍事・主計両課関係者で省議を準備したと「高嶋日記」には記されている。この両局、両課があくまで陸軍部内の予算担当なのである。新聞の報ずるのは、新規要求二億七〇〇〇万円の一億六六〇〇万円への削減に陸軍の不満は強く、兵備改善費については当初七〇〇〇万円の予定を自発的に一五〇〇万円程度に縮減したのにこの査定では、と同費、満洲事件費、航空防空充実費などの復活要求を予定しているということだった（東朝一一月六日）。六日の省議では八〇〇〇万円の復活要求をなす方針を決定していて（東朝一一月七日）、同日の「高嶋日記」によれば「大体原案通り可決」であった。七日には「蔵相、陸相に会見を申込み、一時間会見、局課長は其の情報を聴きに至る」ともある。新聞によると、藤井蔵相が財政の現状を説明して復活要求を縮減するよう求めたが、林陸相は国防充実の必要を力説、査定は応じ難く財源を探してほしいと述べ、公債増発の余地はあると語っている*24。陸軍は約八〇〇〇万円の復活要求を大蔵省宛提出する予定であった（東朝一一月八日）。八日の「高嶋日記」によれば、「今日漸く復活要求方針を定め、経理局とも打合せ」して「最後に次官室にて決定」している。八〇〇〇万円の復活要求であろう*25。復活要求案の決定過程がここに見てとれる。

政治折衝と事務折衝

一一日から三日間にわたって群馬県を中心に陸軍特別大演習が行われ、閣僚は陪観のため離京するので、二回目の予算閣議は大演習後となった。陸軍・大蔵両省間の懸隔は埋まらず予算問題での紛糾が予想される中、陸相は岡田首相との会談で同問題での参謀本部の強い姿勢を伝えて*26、首相の善処を要望し、政治折衝が俎上に上ってきたが、陸相が一方で語るように大演習中の事務当局間の折衝も平行して行われることになる（東朝一一月一〇日）。九日に陸相や軍務局長、軍事課員の多くが演習地に向う前に、高嶋予算班長は「事務的折衝の限度を定め、次官、大臣の決裁」を得ているが、演習地では閣僚間で予算をめぐる折衝が行われた様子で、内田信也鉄相が東京の蔵相との連絡役となるだろうと報じられている（東朝一一月一一日）。

東京に居残った高嶋予算班長は一〇日に前橋（群馬県）在の永田軍務局長から電話を受け、橋本軍事課長と共に同地に赴いている。そして翌日にわたって「対参謀本部覚書を研究」、成案を得て帰京、「直に次官官邸にて報告」した。おそらく首相や他の閣僚との折衝を受けて陸相と軍務局長の間で予算問題妥結に向う方針が定まり、軍事課長、予算班長を呼び出して、要求圧縮などの参謀本部への打診といった部内処置や大蔵省との事務折衝の進展などを求めたのだろう。概算要求提出に際しての省部間の覚書がここで関係してくることになる。

「高嶋日記」にはこのあと、「覚書に関し諸種の研究を為す」（一二日）、「今日亦参謀本部との折衝事項にて複雑なる計算を為す。予算も相当の難関あり」（一三日）、「大蔵省との折衝もあまり思はしからず」（一四日）、「終日予算に没頭す」（一五日）、「終日又予算問題にて奮闘す。仲々多忙なり」（一六日）との記述が続く。この間一二日には次官が前橋に陸相を訪ねて、陸相不在中の大蔵省との折衝経過を報告、打開策につき協議しているが、参謀本部の強硬姿勢も報じられている（東朝一一月一三日）。陸相は一五日にも軍務局長を伊香保（群馬県）に呼び寄せ予算問題について協議しているが（東朝一一月一六日）、大蔵省と参謀本部という部外、部内双方向の交渉を続けることが予算編成に際して陸軍省の予算担当者に課せられた使命であった。

こうした事務折衝の一方で陸相と町田忠治商工相、内田鉄相との会談がもたれて政治折衝も続けられている。そこでの陸相の主張は、大蔵省が公債を増発して財源に余裕を持たせよというものであった（東朝一一月一七日）。一七日、陸相は東京に戻り次官、軍務・経理両局長などを集めて大蔵省との折衝経過を聴取している。大蔵省側も主計局を中心に査定案を再吟味して復活要求への対処を協議し、公債発行は七億円台が限度としていた（東朝一一月一八日）。

第三節　予算閣議での妥結

復活要求をめぐる紛糾

一九日に二回目の予算閣議が予定されていたので、一八日は日曜日にもかかわらず高嶋は出勤して「明十九日閣議に於ける大臣の態度に関し研究」している。陸相官邸では「大臣臨席の下に経理局長の報告、次官、局長等交々発言。明日は大臣としては確答を与へざること」となった。新聞は、参謀本部が陸軍省の注文通りには復活要求八〇〇〇万円の減額を承認しないこと、杉山参謀次長が同日午後林陸相を訪ねて主張の要点を説明、了解を求めたことなどを報じている（東朝一一月一九日）。「高嶋日記」には一八日「夕食後又満洲事件費の押問答」をしたと記しているので、省部間で懸案となったのは同費かもしれない*27。各省間にも妥結の気配が見えず、政治的、事務的両方の折衝の継続が必要なことから、蔵相の提案で一九日の予算閣議は二一日に延期となった（東朝一一月一九日）。

その間に陸海軍以外の各省復活要求については町田商工、内田鉄道の両相の奔走で了解が成立する一方、軍部予算については、床次竹二郎逓相、町田商工相が大蔵省との間で斡旋に入って政治折衝を続けている（東朝一一月二〇、二一日）。二〇日に陸相と会見した真崎甚三郎教育総監は、明日の閣議ではまとまらないだろうが結局は大蔵省と折り合うだろうと陸相が語ったこと、陸相に譲歩の意があるように感じたことを日記に書き残した*28。予算獲得のため強硬姿勢はとるが決裂させるようなことはしないということだろう。他方で事務折衝に携わっていた高嶋予算班長は「大蔵省との折衝、白熱するも確答を得ず。形勢日々悲観的となる」と同日記していて、大蔵省の姿勢も依然硬かったようである。

二〇日大蔵省議は翌日の予算閣議にかける再査定案を決定したが、各省復活要求総額二億九〇〇〇万円のうち承認額は四一〇〇万円、うち二六〇〇万円を陸海軍で折半するというものであった。陸海軍はあまりの苛酷な査定振りへの不満が強く、再復活要求を求めると報じられている（東朝一一月二一日）。高嶋予算班長も二〇日の日記に「此の日夜晩く経理局長、大蔵省の再査定案を齎《もたら》し来る。最後の噂通り僅かに1300万円の増に過ぎず」と書いていた。そのうち兵備改善費については、四八一万円の復活要求が一一四万円に査定されている*29。このような金額の復活ではとても足りず、あと一〇〇〇万円ずつ出してほしいというのが陸海軍の内意であると見られていた*30。

二一日に高嶋は朝から陸相官邸に待機したが、閣議は「相当紛糾せるも決せず」に終っている。この二回目の予算閣議は公債発行限度と査定の再考をめぐって藤井蔵相と他の閣僚との対立が解けず、閣僚間の個別の会談で調停を図ったが実らずに終ったのであった（東朝一一月二二日）。ただし、陸相は岡田首相に参謀本部の強腰を伝えているが、大角岑生海相に比して妥協に前向きだった*31。二二日も首相を中心に逓相、商工相が斡旋役となって閣僚間の個別折衝を続け、他方で次官、局長級の事務折衝が行われた。五〇〇〇万円を陸海軍で折半という首相の裁定案は陸海蔵三相とも受け入れていない（東朝一一月二三日）。

幕僚の進言と大臣の決断

このあと二三日未明にかけて事態が動いている。首相が改めて陸海軍その他の再復活五七四〇万円を提示して陸海蔵三相を説得、同意させ、閣議を再開して全閣僚の承認を得ている。二四日の閣議で正式決定を行うことになった。陸海軍二七〇〇万円ずつ、内務・農林両省などに合せて三四〇〇万円という配分で、この財源は公債増発四〇〇〇万円と鉄道、逓信、拓務各省特別会計の減債基金の一般会計繰入を増額して賄うことになり、公債発行総額は七億五〇〇〇万円となった（東朝一一月二三日）＊32。

陸軍にとっては、最初の一三〇〇万円と合せて四〇〇〇万円の復活要求承認となり、来年度陸軍予算総額は約四億九〇〇〇万円である。新聞によれば、陸軍は五億円台を頑強に主張して林陸相は首相に辞意を漏らすまでしたので、首相と逓信、商工両相が五億に近い数字でまとめるからと慰撫して妥結に至ったということだが（東朝一一月二三日）、陸相の強硬姿勢には予算獲得のための演技という面のほかに、なすべきことはなしたということを陸軍部内向けに示す意味があり、この時点では特に参謀本部に向けたポーズといってよいかもしれない。その本心は適当な金額での妥結にあったことはこれまでに見た通りである。参謀本部自らが政治折衝の場に出てくることはないため、陸軍省（陸相）にとっては予算を強く要求する際の口実に参謀本部を使える一方で、妥協して要求を緩和する際には陸軍部内対策として多少の脚色が必要になってくるということだろう。

二二日から翌日にかけての陸軍部内の動きは、予算班長の記した二二日の「高嶋日記」に明らかなので以下に引用する。

朝より官邸につめかけ、午後一時より閣議。大臣は最後案5億6百と、満洲関係の納金を腹案として出席す。閣議遂に翌朝午前三時に及ぶ。其の間屢々官邸に連絡あり。次官、両局長、両課長、高級課員の外、参謀本部より次長、総務部長、第一課長も官邸に在り、頗る緊張す。余屢々主脳部室に入らんとするも、次官等入室を喜ばず。午前二時頃、余決意し参謀本部方面にも多少の譲歩を願ふこととして、４９１、０００、０００円にて手を打つことを課長に進言す。大臣も遂に決意す。廿四日確定に決す。午前三時半大臣帰邸、報告する所あり。午前五時半帰宅す。

予算が確定する前後の陸軍部内の緊張をよく伝えている＊33。陸軍の強硬姿勢の一因となっていた参謀本部からは参謀次長、総務部長、同部第一課長（清水規矩大佐）が陸相官邸につめかけている。統帥部の予算要求はこのラインで行われるという第三章第五節の論点が裏付けられた。しかし、何よりも注目すべきは、陸軍省側の軍務局軍事課予算班長が妥協を発意して軍事課長に提起し陸相の決断を引き出して、参謀本部を抑えての妥結に至っていることであろう。予算班長の申し出がおとしどころを探っていた陸相の本心を引き出したといえる。陸相は中堅幕僚の発言を待っていたのかもしれない。いずれにしろ軍務局長を含めたこのラインが陸軍における予算を伴う政策形成の中心に位置するとともに、予算を手段とした部内統制を担っているのである＊34。

参謀本部との覚書交換

二四日の閣議で一〇年度概算が正式に決まり、歳出総額二一億九〇六四万四〇〇〇円、うち陸軍省所管分は四億九一二七万七〇〇〇円（経常部一億七四一二万六〇〇〇円、臨時部三億一七一五万円）であった（東朝一一月二五日）＊35。高嶋予算班長は二三日には閣議の準備、二四日にも陸相官邸に出向いて閣議の準備を行ったあと、経理局主計課と合同で閣議決定した陸軍予算案総額の配当の研究に入っている。以後は予算案閣議決定の後始末に追われて、二六日は「参謀本部に対する覚の起案」、二七日は満洲事件費の査定率に関して省内各課の了解を求める作業などに取り組み、二八日には「仲々多忙なりしも予算問題解決後は嵐の後の静さなり」との感想を抱いていた。残っていた兵器研究費の問題も一二月六日にようやく解決して、同日「十年度予算も大体片付きたる模様なり」と一段落ついたことを記している。

参謀本部との間では、この間の経緯や決定した予算案をふまえて新たな覚書を取り結んでおいて、今後の議会審議や予算執行、さらには次年度以降の予算編成に備えるということだろう。概算要求提出に際しても省部間で覚書を交換していたのは本章第一節に見た通りである。行政学者による現代日本官僚制論を読むと、各省庁が作成した法律案が分担管理の縄張りに抵触して他省庁から異議が出た際には、省庁間で合議が行われたあと手打ちが行われるが、この手打ちのことを覚書交換と呼んでいるとある＊36。予算に関する陸軍省部間の慣行と通じるところがある。陸軍省軍務局軍事課にとっては、参謀本部への対処が予算面でも重要な位置を占めていることが改めてわかった。

「高嶋日記」一二月一〇日には「午後六時より芝紅葉館にて大蔵省関係者を招待し予算関係者の宴会。午後十時半頃四谷にて二次会、午後十二時帰宅す」とある。高嶋は前年の一二月二二日の日記にもやや詳しく次のように書いていた。

> 午後六時より芝紅葉館に於て大蔵次官、藤井主計局長、加〔ママ〕屋予算課長、入江事務官、徳弘、前田等の諸氏を招待。当方は柳川次官、山岡、小野寺両局長以下出席、懇親会を行ふ。午後十時半頃新橋三橋に至り二次会、愉快なりき。午前二時帰宅す。

大蔵省幹部を招いて和気藹々《あいあい》と一夜を過した様子である。予算編成過程で一戦を交えた大蔵省とはこの段階で親睦をはかるのが陸軍の慣行だったようである＊37。

第四節　予算審議に備えての議会対策

議員への予算案の説明

予算閣議が終わり昭和一〇年度予算案を審議する帝国議会の召集が近づくと、議会関係者に対する陸軍予算案の説明が行われた。「高嶋日記」によると陸軍の議会対策は次のように講じられていて、高嶋予算班長はいずれの会合にも出席している。

一二月一三日「午後四時半より官邸に於て貴族院議員各派交渉員を呼び、予算関係の懇談を為し、午後十時頃帰宅す」

一四日「午後四時半より衆議院各派代表の招待、説明、懇談。頗るなごやかなる空気なりき」

一七日「午後四時半より官邸に於て貴族院軍籍関係者招宴、懇談あり。支那料理の御馳走なり。午後九時半帰宅す」

二六日「午後四時三十分より上野精養軒に於て衆議院軍籍関係者の招待あり、列席す。午後十時帰宅す」

新聞によれば、一三日は晩餐を共にして、林陸相から農村予算と国防費との関係についての陸軍の所見を開陳、了解を得るに努め、橋本次官は満洲国の現状、満ソの諸問題について説明した（東朝一二月一四日）。一四日には陸相、次官、政務次官（土岐章貴族院議員）、軍務・経理両局長などが出席、陸相から一〇年度予算案の大綱を、次官からは満洲国の実情、ソ連の極東方面情勢などを説明して了解を求め、晩餐を共にして種々懇談している（東朝一二月一五日）。同日の高嶋の「頗るなごやかなる空気なりき」という感想からして、衆議院代表はこうした席では大人しかったようである*38。議論は議場でということか。二六日の席も陸軍側出席者、説明内容ともに変化はなかった（東朝一二月二七日）。陸軍予算と関係の深いのが満洲でありソ連であること、その満ソの情況を説明することが、歳出の四分の一近くを占めるに至った陸軍予算案への協賛を得るために必要と考えられていたということだろう。議会対策も軍務局、経理局の業務の一環であり、予算審議過程に備えて開会前から手を打っている様子がわかる。

昭和一〇年度予算綱要は一二月二六日に貴衆両院議員に交付された。それによれば、予算閣議後の種々の訂正のためか、一般会計の歳入歳出総予算は歳出総額二一億九三四一万四〇〇〇円、うち陸軍省所管分は四億九二九五万八〇〇〇円（経常部一億七九八〇万三〇〇〇円、臨時部三億一三一五万五〇〇〇円）となっている。陸軍に関係する記述としては、国際時局の情勢によって陸海軍備の充実並びに満洲事変に関する経費に巨額の増加を必要とすることが述べられ、総予算編成の方針の中には、兵備改善に関する経費は緊急やむを得ざるものとして計上したこと、満洲事件費はなるべく節約の趣旨により計上したが満洲における航空部隊その他の兵備に関し特に経費を増額したことが明記されている（東朝一二月二六日）。

昭和一〇年度予算編成過程を以上のように振り返って明らかになったことは次のようなことであろう。第二章第一節で見た陸軍省所管予算事務順序のうち期限に関する規定が空文化している。内閣レベルの予算編成手続自体が諸規則に定める期限を逸脱していたのだから、陸軍部内の予算編成過程も規定上の期限と乖離していたのはやむを得ないといえる。

また、陸軍予算の編成にあたっては、陸軍省所管予算事務順序に従った一般新規要求の手続と、積算要領を部内に回しての作業を並立させて概算要求とりまとめに至っていることもわかった。

予算の編成作業には軍務局軍事課予算班が経理局主計課と協同して対処している。ただし、予算の要求元としての参謀本部への対応は軍事課予算班の役割であり、その予算編成関係業務の中で重要な位置を占めていた。参謀本部側では総務部第一課が予算要求のとりまとめ役となり軍事課予算班と折衝している。

そして、陸相‐軍務局長‐軍事課長‐軍事課予算班長という陸軍省のラインが陸軍における予算を伴う政策の形成を担い、予算を手段として部内を統制する役割を果たしていた。そこでは参謀本部の要求抑制が主要な課題であった。第二章、第三章である程度判明していた陸軍における予算編成を通じての政策形成の構図、部内の統制、調整の態様を、事例をもとにすることでより明確に提示しえたはずである。

＊註

1 「昭和八年～昭和九年高嶋日記（二八・二九）徳島及東京」（防衛省防衛研究所戦史研究センター所蔵）、「昭和一〇年高嶋日記（三〇）」（同前）。前者は小判大学ノートにペン字、横書き、後者は小型手帳にペン字、横書きという形態である。本章及び次章での高嶋についての叙述は特にことわらない限り「高嶋日記」に基づく。本文中にその日付がわかるようにして、引用の都度註を付すことはしなかった。なお「高嶋日記」を使った先行研究としては参謀本部第一部第二課時代の記述を引用する高橋久志「日華事変初期における陸軍中枢部―不拡大派の挫折から汪兆銘工作へ」（近代日本研究会編『日本外交の危機認識』年報近代日本研究七、山川出版社、昭和六〇年）がある。大前『政治勢力としての陸軍』は同日記の昭和一〇、一一年分を中心的資料として活用している。

2 『日本陸海軍総合事典』第二版九五頁。以後、参謀本部部員、大本営参謀、参本第一〇（戦史）課長、台湾歩兵第

一連隊長、第一六軍参謀、公守嶺校教官、第三軍参謀長、東部軍参謀副長といった経歴をたどり、終戦時は少将、第一二方面軍参謀長兼東部軍管区参謀長であった。大正末から昭和四年までの最初の軍務局在籍時には軍事課編制班に勤務している（「陸軍省各課員業務分担表」昭和二年八月、昭和三年八月）。陸士の同期生として今井武夫、今田新太郎、岩畔豪雄、岡田菊三郎、陸大の同期生には岡本清福、稲田正純、辰巳栄一、佐藤賢了がいる。高嶋の追悼録が森晴治編『雪松・高嶋辰彦さんの思い出』森晴治発行、昭和五六年、である。関係者の追悼文とともに、高嶋の著書、論文の一覧表と主な著作の抜粋、軍歴と考科表（部分）の写し、詳しい年譜が収められている。追悼文の中で有末精三は、高嶋は地方幼年学校、中央幼年学校、陸士、陸大を首席で通したと記している（有末精三「将来の元帥と嘱望された人」一七四～一七五頁）。『日本陸海軍総合事典』第二版二七八頁が示す高嶋の席次は、地方幼年学校への入校順位を含めて一が並んでいる。陸軍将校中の典型的エリートとして軍事課勤務となり、以後は軍政部門には戻らず参謀本部と部隊での勤務を続けた。

3 『稲田正純氏談話速記録』二六～二七頁。陸士では高嶋より一期上（二九期）の稲田は、陸軍の歴史は少佐クラスのところを中心に見るとよいとも述べている。年齢では三五、三六歳から四〇歳にかけてという。明治三〇年一月生まれの高嶋が予算班長となったのは三六歳のときであった。ちなみに大正一〇年ドイツのバーデン・バーデンに集い陸軍の改革を誓った三人の陸士一六期生、永田鉄山、小畑敏四郎、岡村寧次の階級も少佐であった。

4 西浦進は高級課員、課長、局長が仕事の実際を知らず、不勉強だったことを指摘した上で、班長以下の仕事が高級課員以上の仕事と遊離し、業務についての上級者の不勉強が下剋上を助長したと述べている。永田鉄山、山下奉文両軍事課長は例外だった（西浦『昭和戦争史の証言』五二頁）。西浦は各局長の集まる予算省議に列席して、局長級が自分の局の仕事を他局の担任と思って予算削減を主張し、あとで取り消すのを見て驚いている（同前、二五

〜一二六頁)。

5 高嶋辰彦「黙々重任を完遂」(『西浦進』)一六九頁。西浦進は昭和九年七月に外国駐在を命ぜられるまで高嶋予算班長の下で班員(大尉)をつとめている。西浦を追悼して高嶋は、着任間もなく予算班の業務に不慣れな時期に「軍事課在勤已に二年余に及ぶ西浦君に過重なまでの協助を受けた」と回顧している(同前)。

6 高嶋辰彦「町尻量基将軍の思い出」(町尻量基追悼録編纂会編『町尻量基追悼録』同会、昭和三三年)一二九〜一三〇頁。町尻は昭和一一年三月二八日付で軍事課長に就任している。彼の下で高嶋は同年六月まで予算班長だった。

7 高嶋は予算班長(予算主任)として関与した案件について、次のように回顧している(『秘録永田鉄山』四二三頁)。

私の予算主任満三年の在任間、大臣、次官、局長、課長、高級課員それぞれ四人合計二十人の承認ないし決裁者を体験した。そしてそのほとんどは私の起案のままに通過決裁されるのが常であった。ただこの中で橋本課長、永田局長には時々掘り下げた理由の報告を行なったように記憶する。

永田鉄山少将の軍務局長在任は昭和九年三月五日から一〇年八月一二日まで、橋本群大佐の軍事課長在任は同九年八月一日から一〇年一〇月一一日まで。

8 会計法(大正一〇年四月八日法律第四二号)第七条が予算は「前年の帝国議会集会の始」に提出するよう定めているので、追加予算を除けば、X年度に行われるのは(X＋1)年度予算編成である。

9 陸軍省内の文書のやりとりや執務の様式を把握するには、それらについて定めた陸軍省処務規程を理解する必要がある。審案用紙の書式は本規程の内容に従っている。昭和三年七月改正の本規程を見ると、その第三章文書取扱には大要次のようなことが定められている。陸軍省に到達する公文書は大臣官房で受領し親展、人事関係書類、その他に分類して処理すること、到達公文書について主務副官は各課の審議に付すものについて主務課を、各課の回覧に止めるものは関係各課を指定すること、本省業務の処理は同規程付表に示す基準により次官、局長、高級副官にその決裁を委任すること、各課立案の審案文書のうち連帯を要するものには主務課において連帯を求むべき局、課名等を記載すること、ただしその連帯課の決定は審案の内容により事前に連帯責任を求めておくことを要する課のみに止め、他の関係課には決行後回覧に付すること、急を要する文書で局長、課長の捺印を受けることができない場合は主務課長が局長に代わり、主務課員が課長に代わり捺印してその責任で文書の処理を行うことができ、事後速やかに局長、課長に報告すること、各課審議済の文書は速やかに大臣官房に回付し副官がこれを審査し大臣又は次官の決裁を請いこれを執行することなどである(「陸軍省処務規程改正の件」アジア歴史資料センターC01001022900、「審案用紙改正の件」同前C02030882600)。陸軍省官制(明治四一年一二月一八日勅令第三一四号)に定める大臣官房の管掌事務の一つは、「公文書類及成案文書の査閲接受発送及編纂保存に関する事項」(第三条第五項)であった(内閣官報局編『明治年間法令全書』第四一巻ノ三、原書房、平成元年、五三七頁)。なお、今村均は陸軍省軍務局歩兵課勤務の経験をもとに、連帯の制度の得失を述べている(今村『私記・一軍人六十年の哀歓』一〇四頁)。防衛省防衛研究所戦史研究センター所蔵の「陸軍省大日記」中の文書を本書で引用する場合は、アジア歴史資料センターのレファレンスコードを記して出典の明示とした。なお、アジア歴史資料センターを通して閲覧できる国立公文書館所蔵の返還文書(旧陸海軍関係)には、連合国による接収ののち返還された陸軍の文書が収録されている。そこに含まれる昭和一〇年の「満受大日記」は本来「陸軍省大日記」の一部であったはずであり、防衛省防衛研究所戦史研究センター所蔵の「陸軍省大日記」中の欠落を補完する役割を果たすので参照した。本書ではこうした返還文書(旧陸海軍関係)中に含まれる分をあわせて「陸軍省大日記」と表記する。ただしアジア歴史資料センターでの返還文書(旧陸海軍関係)の階層区分は、たとえば「満受大日記(密)昭和十年 十一冊ノ

内　其一」といった本来上位の簿冊とすべきものを最下位区分の件名として細分化を怠っているため、一件中の画像数が非常に多くなるだけでなく、その中に多種多様な文書が含まれる状態になっている。結果として各件の内容説明文は、たとえば「満受大日記」各巻冒頭の目録の最初の部分をなぞるだけに終わるというように不十分なものとなり、キーワード検索の効果が発揮できず、階層検索を行って、関係する資料を含むと思われる件名については、画像を最初から通して見ることが必要になる。国立公文書館所蔵の返還文書（旧陸海軍関係）中の資料を本書で引用する場合は、アジア歴史資料センターのレファレンスコードを示して件名を特定した上で、第何画像目かを付記して出典の明示とした。

10　高嶋少佐の軍事課勤務の発令は昭和八年一一月一日付だが、その日記によると、大隊長の任にあった徳島から上京して陸軍省軍務局軍事課に初登庁したのは同月一四日である。それゆえ昭和八年度中に行われた九年度予算編成については、大蔵省査定案提示後の復活要求の段階から関与しているだけであった。彼の日記中の陸軍予算編成に関する記述も翌年度ほど詳細ではない。

11　新聞は『東京朝日新聞』縮刷版を用いた。本章での同紙の引用にあたってはその都度註には記さず、本文の該当箇所に（東朝六月一一日）などと発行月日を略記した。

12　昭和一〇年度予算編成について筆者は別に小論をまとめている（大前信也「岡田啓介内閣期の予算編成と大蔵省‐大臣‐官僚関係の側面から」（『鈴鹿国際大学紀要』第六号、平成一一年三月））。そこでは公刊資料、当時の総合雑誌や新聞をもとに、藤井真信蔵相と大蔵官僚の関係を中心に大蔵省に焦点をあてて同年度予算編成過程を論じた。同年度予算編成を軍部予算に焦点をあてて扱った最近の研究として、手嶋泰伸「岡田啓介内閣期の陸海軍関係」（『福井工業高等専門学校研究紀要』人文・社会科学第四八号、平成二六年一二月）がある。軍部の政治的台頭を陸海軍の関係からとらえて、両者の協調が軍部の政治的影響力を増大させたことを示そうとしているが、その事例のひとつとして昭和一〇年度予算編成を挙げている。新聞記事のみに依拠したため予算編成過程の分析が表面的なレベルにとどまっているのは致し方ないとしても、海軍が妥協に向かったのは陸軍の妥結によって予算要求の強硬姿勢を維持できないと判断したためであるというところが資料によって実証されていない（九頁）。この段階での陸軍との関係をどのように考えていたのかという海軍サイドの資料はないのであろうか。推論をもとにして、海軍単独では強硬姿勢を維持できず、陸海軍の協調こそ軍部の発言力を強めたのだということを主張しようとしても、説得力はかなり弱い。陸海軍の協調が予算面での軍部の組織的利益の増大をもたらしたとされている昭和一一年度予算編成過程についても、同様のことがいえる。同過程終盤での海軍の動向を大蔵省側の発言でしか説明できないとすると（一〇頁）、その後の論証の基礎としては脆弱である。

13 『戦史叢書陸軍航空の軍備と運用〈一〉昭和十三年初期まで』四三六～四三九頁。

14 陸軍は時局兵備改善計画を策定して昭和八年度から着手していた。大正末期の軍備整理などによって、それまでに議会の協賛を得ていた国防充備費が繰り延べを受け、当初計画の約三割の使用にとどまっていたが、その既定経費の残額（三億五〇〇〇万円）を繰り上げ充当し、新規要求二億円を加えて八年度から一〇年度にかけての継続事業として、作戦資材を整備するという計画であった。昭和一一年（一九三六）に危機が到来するという判断に基づくものである（陸軍省『帝国及列国の陸軍』昭和九年版、昭和九年一月、五一～五六頁、陸軍省調査班『時局兵備充実の急務』昭和八年一〇月、五～一五、二二～三〇頁、『戦史叢書陸軍軍戦備』一一七～一三〇頁）。「荒木貞夫関係文書」三三四（国立国会図書館憲政資料室所蔵）の「国防充備費年割額改定及実施額概見表」（昭和七年一二月二日付、「大臣用」と書き込み有り）では、同費について大正一〇年度の当初額、予算実施額、昭和七年度と八年度の計画が折れ線グラフで描かれたあと、その間の海軍の予算額、決算額が加筆されている。原敬内閣当時、継続費取得の優先権を陸軍が海軍に譲ったこと（『時局兵備充実の急務』六～八頁）が背景にある。

15　昭和一〇年度陸軍予算の重点は在満兵力の整備と兵備改善であり、後者の内容は朝鮮師団の改編、航空及び防空兵力の緊急充備、諸制度の改善、教育訓練の刷新であった（陸軍省『帝国及列国の陸軍』昭和一〇年版、昭和一〇年一月、六三、六七～六九頁）。なお、小川郷太郎「軍事費論」（『改造』昭和九年一〇月号）八二頁、同「国防と財政の調和」（『中央公論』昭和一〇年八月号）四一～四五頁も参照のこと。

16　「昭和一〇年度予算編成方針の件」アジア歴史資料センター　C01007489500。六月二六日付高橋蔵相発林陸相宛の本文書は、陸軍省大臣官房が七月三日に受領、次官の閲覧を経て軍務局軍事課に回され、軍事課長と同課予算班長が目を通していることが捺印や受領印からわかる。

17　「昭和一〇年度予算編成方針の件」同前　C01007489600。七月一〇日付藤井蔵相発林陸相宛の本文書は陸軍省大臣官房が同日に受領、次官の閲覧を経て経理局主計課と軍事課に回され、主計課長と軍事課長が目を通していることが捺印や受領印からわかる。

18　次官は柳川平助中将から橋本虎之助中将に、経理局長は小野寺長治郎主計総監から平手勘次郎主計総監に、軍事課長は山下奉文大佐から橋本群大佐に、軍事課高級課員は清水規矩中佐から土橋勇逸中佐に、軍事課編制班長は青木重誠中佐から吉田喜八郎少佐に交代している。第三章の註74で触れたように、このうち両橋本と土橋の三人は参謀本部総務部から移ってきた。

19　参謀本部第一部が作戦計画立案を独占し、機密保持に腐心したことについては、畑俊六が第一部長在任時の経験をもとに詳述している（軍事史学会編・伊藤隆・原剛監修『元帥畑俊六回顧録』錦正社、平成二一年、一四三～一四四頁)。
20『真崎甚三郎日記』第一巻、二七八頁。
21 陸軍の予算要求がまとめられ概算として大蔵省に提出されて以降は、第二章第一節で見たように陸軍省所管予算事務順序、さらには歳入歳出予算概定順序、会計法、会計規則に定める手順に則って予算編成は進行していく。期限は守られていない。
22 陸軍の新規要求についての当時の論壇での批評としては、小川「軍事費論」八五頁、「「非常時財源」座談会」(『中央公論』昭和九年一一月号)三九九頁(太田正孝の発言)、牧野輝智「財政補強工作論」(『経済往来』昭和九年一一月号)二七頁、阿部賢一「国防費膨脹の行方」(同前)一三五～一三六頁。新たな継続事業として要求された兵備改善費を、小川は「第二次兵備改善費」「第二次国防充実計画」といい、牧野は「第二の兵備改善費」「第二の兵備改善計画」といっている。
23 継続事業の認定など大蔵省の査定方針に対する批評として、牧野「財政補強工作論」二七～二八頁。
24 赤字公債は無限に発行できると吹聴する者が陸相の下に出入りしていたという情報を、前月高橋是清が原田熊雄(元老西園寺公望の秘書)に語っている(原田熊雄述『西園寺公と政局』第四巻、岩波書店、昭和二六年、九二～九三頁)。
25 一一月一〇日に内田信也鉄相が原田に語るところでは、当初陸軍は三〇〇〇万円ぐらいの復活で我慢すると穏やかだったが、一〇〇〇万円が限度という大蔵省の方針に反発して八〇〇〇万円の要求を出したということである(同前、一一八頁)。
26 同前、一一六頁。

27 当時陸相秘書官であった有末精三の回想によれば、昭和九年一一月の予算閣議前に参謀本部から今井清第一部長が林陸相を訪ね、予算要求の背景として満ソ国境の地図を広げて作戦計画を説明したという。陸相はそれに影響され総額五億円以上の獲得を目指して予算の組み替えを永田軍務局長に命じたので、秘書官の策動ではないかと高嶋予算班長などから苦情を受けたと有末は記している（『秘録永田鉄山』七五～七七頁、有末『有末精三回顧録』三五一～三五三頁）。予算獲得を目的としながらも、作戦計画は参謀本部第一部の専管事項であるため同部長が直接陸相に説明したのだろう。ただし、有末は別の文章でこの出来事は徹夜の予算閣議（二二日から二三日未明にかけて）の前々日と書いているので（有末「将来の元帥と嘱望された人」一七五～一七六頁）一一月二〇日のことと思われるが、「高嶋日記」には二〇日の前後も含めてこの件に該当する記事は見当たらない。

28『真崎甚三郎日記』第一巻、三五〇頁。

29「昭和一〇年度歳入歳出概算復活要求額査定表」アジア歴史資料センター A09050435300。本資料によれば、陸軍省の復活要求総額は正確には八六二一万五五七七円、査定額が一三一七万四五七八円である。

30『西園寺公と政局』第四巻、一二三～一二四頁。各方面からの情報に基づく原田熊雄の推測である。

31 同前、一二四頁。

32 同前、一二六～一二七頁、「昭和一〇年度歳入歳出概算再復活要求額査定表」アジア歴史資料センター A09050435400。予算問題で奔走し財源を提供して妥結のきっかけをつくった内田鉄相は、戦後の回想で鉄道益金三〇〇〇万円の一般会計繰入で岡田内閣の破綻を救った旨記しているが（内田信也『風雪五十年』実業之日本社、昭和二六年、一四五、一四七頁）、当時の新聞は減債基金の一般会計繰入の増額（鉄道特別会計からは一四五三万円）によると報じていて（『東京朝日新聞』昭和九年一一月二三日）、これは鉄道省事務当局が反対しながらも（同前四月二

五、二九日、八月一七、二二日、一〇月三〇日）予算編成ごとに財源として注目される益金繰入を回避するための方策でもあるとしている（同前一一月二四日）。内田著には事実誤認とみられる記述がほかにいくつかあり、信頼性の点で本書は当時の新聞を典拠とする。『昭和財政史』第三巻歳計、二五六～二五七頁も、一般会計の負担軽減のための国債償還額軽減措置の撤廃（減債基金の一般会計繰入増額）が一〇年度以降に行われ、約一五〇〇万円がそれに振り向けられた、益金三〇〇〇万円の一般会計繰入は昭和一二年度予算からとしている。大前信也「広田弘毅内閣期の大蔵省―財政路線の転換、行政機構改革と大蔵省の権限（一）」（『政治経済史学』第三八四号、平成一〇年八月）三七～四〇頁も参照してほしい。

33　有末精三少佐（陸相秘書官）が陸相から得られた情報を首相官邸から陸相官邸に逐次連絡している（『秘録永田鉄山』七八頁、有末『有末精三回顧録』三五四頁）。ただし彼が予算閣議で妥結した予算総額を五億八〇〇万円としているのは誤りである。この金額は翌一一年度予算編成での陸軍省所管分の妥結額である。

34　当時の軍事課高級課員土橋勇逸中佐は昭和九年の予算閣議に際しての陸軍部内の協議で、自身と高嶋予算班長、永田軍務局長との間で妥協点をめぐって齟齬があったことを回想している。永田に批判的な立場をとっていたことが理由のように土橋は示唆しているが（土橋『軍服生活四十年の想出』二二八～二三二頁）、本章冒頭で述べたように少佐クラスの班長が実務を掌握していたことが、陸相（大中将）‐軍務局長（少将）‐軍事課長（大佐）‐主務者（陸軍予算編成に関しては予算班長、少佐）のラインの中で、高級課員（中佐）の立場を微妙なものにしていたと考えられる。高嶋予算班長の日記を見ると、彼は予算編成や機密費に関する報告は高級課員を通さず直接軍事課長に行っている。また、土橋の軍事課高級課員在任の一年間（昭和九年八月一日～同一〇年八月一日）に「高嶋日記」文中に土橋が登場する日は一一に過ぎないのに対し、軍事課長（橋本群大佐）は三九日ある。高級課員と制度上似た位置にあるのが、陸相と軍務局長に挟まれた次官（中少将）である。昭和九年一二月から同一二年三月まで軍務局に勤務した経験のある片倉衷は、局務に関して大臣を補佐するのは局長であり次官ではない、次官は各局の統轄、連絡を行うのが役目だったが、林銑十郎内閣杉山元陸相下の梅津美治郎次官のときに次官の地位が強化されたと述べている（『片倉衷氏談話速記録』下巻、九八〜九九、一一九、一四六〜一四七頁）。また西浦進は、軍務局長が大臣に従って外回りの派手な仕事をするのに対し、次官は留守番で事務をまとめる役割にあったと語っている（『西浦進氏談話速記録』下巻、三六三〜三六四頁）。陸軍大臣の職務は陸軍省官制（明治四一年一二月一八日勅令第三一四号）第一条で「陸軍大臣は陸軍軍政を管理し陸軍軍人軍属を統督し所轄諸部を監督す」と定められている（『明治年間法令全書』第四一巻ノ三、五三六頁）のに対し、次官、局長、課長、課員の職務は陸軍省処務規程第二章服務に規定されている（片倉が上記資料で次官、局長の職務を規定するのも官制であると述べているのは誤りである）。前出の昭和三年七月改正分では次の通りである（「陸軍省処務規程改正の件」アジア歴史資料センターC01001022900）。

第五条　次官は大臣を佐《たす》け省務を整理し各局部の事務を監督す
第七条　局長は大臣の命を承《う》け局務を掌理し部下を指揮監督す
第一二条　課長は局長の命を承け課員以下を指揮し課務を掌理す
第一三条　課員は課長の指揮を承け調査、起案、審議、点検等の事務を掌る

省務の整理、事務の監督を職務とされた次官は、本来片倉のいうように統轄、連絡役だったのだろう。のちに見る機密費交付の決裁は次官本来の職務でなく大臣から委任されていたということになる。局務に関して局長は次官を通さず大臣に直結していること、課員を指揮するのは高級課員でなく課長であることがわかる。昭和一二年五月

の改正で次官の職務のみ次のように改められたが（「官房陸軍省処務規程改正の件」アジア歴史資料センターC01005039800）、文面だけでは次官の地位強化があったとは言い難い。

第八条　次官は大臣を佐け省務を整理し大臣官房及各局の事務を監督す

いずれの改正でも高級課員についての規定はない。ただし表2の昭和九年九月の「陸軍省各局課業務分担表」には、軍事課高級課員土橋中佐の担任業務として「課内業務の統制に関する事項」と「軍事課関係の人事に関する事項」が挙げられている。大臣と局長の間にいる次官、課長と課員の間の高級課員、この両者の立場には共通するところがあったのだろう。北博昭は軍事課高級課員について、陸軍省官制上の権限を有するわけではないので、その発言力、影響力の大小は当該課員個人のパーソナリティによると、土橋のあとその地位に就く武藤章を例に挙げて説明している（北博昭「東京陸軍軍法会議の設置と陸軍省法務局」（『日本歴史』第四二七号、昭和五八年一二月）六八～六九頁）。

35　昭和一〇年度予算編成についての論壇での総括的な批評としては、神戸正雄「十年度予算案と財政計画革新の必要」（『経済往来』昭和一〇年一月号）。また、一〇年度予算中、四割六分を占めるに至った軍事費の膨張と財界の不安については、津村秀松「軍事費と財政の調和」（『経済往来』昭和一〇年三月号）参照のこと。

36　大森『官のシステム』一五一頁。

37　予算をめぐる陸軍と大蔵省の関係については、大前『昭和戦前期の予算編成と政治』二六四～二六七頁を参照してほしい。

38　昭和九年度予算案審議に備えた前年（昭和八年）の議会対策も、「高嶋日記」によれば次のように行われている。

一二月一九日「午後四時半より官邸に於て衆議院各派に対し予算内示」

二〇日「午後五時より貴族院各派に対し予算内示」

二一日「午前十一時半より貴族院軍籍関係者に対する予算内示」

二六日「午後六時上野精養軒に至り衆議院軍籍関係者に予算内示」

新聞によれば、衆議院各派代表については陸相官邸で晩餐会を兼ねて行われ、陸軍側は陸相、次官、政務次官、参与官（石井三郎衆議院議員）、軍務・経理両局長以下関係官が出席し、山下奉文軍事課長が満洲国の現状、ソ連極東方面の情勢などを説明したあと荒木貞夫陸相が予算案の内容を説いたが、質問もなく懇談に移っている（『東京朝日新聞』昭和八年一二月二〇日）。列席した高嶋の一二月一九日の日記の記述も「大したことなし。午後九時頃迄大臣を囲んで懇談す」であった。一方、二〇日の席では貴族院各派代表から軍民離間声明、軍人の政治関与、五・一五事件公判などについて質問が続出、陸相との間で質疑応答がなされている（同前一二月二一日）。「軍民離間の声明書、菊池男等の佐郷屋掩護に関し相当深刻なる質問あり。大臣も相当に答へらる」というのが高嶋の一二月二〇日の記録であり、貴族院代表とは内容のある議論が行われていたようである。

第五章
昭和八、九、一〇年度の陸軍機密費

機密費分析の意義

高嶋辰彦少佐の日記からは、予算の細目に関わる種々の案件の処理に追われる予算班長の姿もうかがえる。陸軍予算の編成だけでなく予算に関わるこうした個別の案件の処理を通して、陸軍部内の統制、調整に与るのも陸軍省軍務局軍事課予算班の業務なのであった。

そこで、昭和八年度から一〇年度にわたる時期に予算編成と前後して現れる陸軍予算に関わる個別の案件のうち、陸軍機密費について同時期の「高嶋日記」と陸軍省の内部文書をもとに分析する。それを陸軍における予算を手段とする部内の統制、調整を考察するための事例に加えたい。第三章第二節で見たように、機密費は軍事課予算班が直接その運用を担当して、陸軍の政策の選択や部内の統制、調整にあたっていた。政策遂行と密接に関係する機密費の管理を分析することによって、陸軍における部内統制のあり方の一端が浮かび上がってくるはずである。

「陸軍省大日記」には陸軍省からの機密費の交付（陸軍では令達といっていた）に関する文書、陸軍省への機密費の使用報告に関する文書が収録されている。以下では、まず陸軍における機密費の管理システムを機密費取り扱いの諸規則を通して概観したあと、アジア歴史資料センターを通して機密費をキーワードに「陸軍省大日記」を検索した結果、該当する文書をもとに昭和八、九、一〇年度中の陸軍機密費の交付と使用報告を分析して、そこから判明することを示したい。そのあと同時期の「高嶋日記」の記述との関連を考察して、軍事課予算班長による機密費管理の実態を明らかにする。

第一節　機密費の管理システム

1．陸軍予算の構成と機密費

機密費の種類

予算は一般会計と特別会計に分かれる。一般会計は歳入と歳出からなり、いずれも経常部と臨時部で構成されている。昭和八、九、一〇年度の時点では、陸軍造兵廠、千住製絨所の両作業特別会計を除く陸軍関係の歳出は一般会計に属する*1。歳出は皇室費を除いて各省所管別に区分されたので、一般会計歳出経常部中の陸軍省所管分、同歳出臨時部中の陸軍省所管分という形になる。経常部、臨時部共通して各省所管分は款、項、目という順に下位区分が設けられ、一部の目はさらに節に細分される。これらの予算科目によって歳出の目的が明示された。

昭和八、九、一〇年度の陸軍機密費には、軍事費機密費、支那駐屯軍部隊費機密費、満洲事件費機密費の三種類が存在した（表11参照）。昭和八年度の陸軍機密費を例にすると（年度によって款項目の新設廃止がありその序数は変化する）、軍事費機密費とは正確には一般会計歳出経常部陸軍省所管の第二款軍事費第一

表11　昭和８、９、10年度の陸軍機密費

	款	項	目
歳出経常部 陸軍省所管	軍　事　費	機　密　費	機　密　費
歳出臨時部 陸軍省所管	支那駐屯部隊費	支那駐屯部隊費	機　密　費
	満洲事件費	満洲事件費	機　密　費

二項機密費第一目機密費（第一二項機密費は同名の第一目のみからなる）、支那駐屯部隊費機密費とは一般会計歳出臨時部陸軍省所管の第一一款支那駐屯部隊費第一項支那駐屯部隊費第二五目機密費（第一一款支那駐屯部隊費は同名の第一項のみからなる）、満洲事件費機密費は一般会計歳出臨時部陸軍省所管の第一九款満洲事件費第一項満洲事件費第一六目機密費（第一九款満洲事件費は同名の第一項のみからなる）である。

金額の調べ方

これらの費目の区分とそれぞれの金額は、次のような資料によって知ることができる。図書館などで閲覧しやすいのは『官報号外』であろう。内閣から提出された歳入歳出総予算は、帝国議会の協賛を経て成立し天皇が裁可すると『官報号外』で公布される。そこには各省所管の歳出について経常部、臨時部ともに款項のレベルまで金額が明示されている。議会の協賛は予算の款項についてであり、款項に示された事項についてそこに示された金額を限度として協賛を与えているので、政府はその事項についてその金額を限度として支出することになる*2。これによって軍事費機密費の金額がわかる。

『官報号外』には目以下は掲載されないので、款項として掲載されている支那駐屯部隊費、満洲事件費の総額は出ているが、その中の機密費の金額ま

ではわからない。国立国会図書館に所蔵され同館議会官庁資料室で閲覧できる『帝国議会予算案』は各年度の歳入歳出総予算のほかに、各年度の明細書の巻に一般会計所属参照書として各省所管の予定経費要求書を、各目明細書の巻には各省の予定経費要求書各目明細書を収録している（ただし年度によっては各目明細書の巻を欠いている）。予定経費要求書には款項目のレベルまでの当該年度要求額と前年度予算額と比較しての増減額が記載されている。予定経費要求書各目明細書には目ごとの当該年度要求額と前年度予算額、増減額とともに、目によってはその内訳の金額、目を区分した節の金額、さらには節の内訳の金額まで明示されている。支那駐屯部隊機密費と満洲事件費機密費の金額は、これらの資料で目レベルまで下ることによって判明する。予定経費要求書や予定経費要求書各目明細書は、議会で予算の細目を審議する予算委員に目節の内容を知らせるために配られた＊3。

ちなみに予算執行に際しては同一項内での目の間、節の間の流用は各省大臣の任意となっているが、俸給、機密費、宴会費などいくつかの目については、流用に際して蔵相の承認を必要とした＊4。

2．機密費の取り扱い規則の変遷

明治期陸軍の機密費管理

陸軍における機密費取り扱いに関する規定は日露開戦直前の時期にさかのぼることができる。明治三七年（一九〇四）一月一二日、陸軍大臣は機密費取扱規程（表12参照）を定めて機密費の令達を受ける軍隊官衙の長官（台湾総督、清国駐屯軍司令官、韓国駐剳隊司令官、憲兵司令官、参謀総長）に内達（密発第六五号）している＊5。清国駐屯軍司令官、参謀総長、韓国駐剳隊司令官は同規程第三条に基づいて各軍隊官衙ごとの機密費取扱手続を定め、第五条に従って陸相に通報・報告しているが*6、機密費取扱規程第四条や各機密費取扱手続が定める費消区分、受払残高の通報先は陸相であった。

表12　機密費取扱規程（明治三七年一月一二日密発第六五号）

第一条
機密費は事の秘密に属するものにして其の漏洩を防ぐ為普通法規外に於て使用するものとす
第二条
前条の目的を妨げざる限り其の出納を明確ならしむべし
第三条
機密費の令達を受る軍隊官衙の長官は其の取扱手続を定め必要の諸帳簿を備へ証憑書類と共に確実に之を保存すべし
第四条
前条の長官は毎月月末迄に其の前月に於ける費消区分（使用の目的、金高、払渡を受る者の身分姓名等）及受払残高等を陸軍大臣に通報若は報告すべきものとす
第五条
軍隊官衙の長官に於て規定したる機密費の取扱手続は之を陸軍大臣に通報若は報告すべきものとす

ただし、日露開戦後の同年二月一二日付で、参謀総長は兵站総監の提案に基づき機密費と接待費の取扱手続を改めて定めて陸相に通報するとともに、軍司令官、師団長に内課している。その機密費取扱手続第六条に定める証憑《しょうひょう》書、受払書の提出先は参謀総長となっている*7。出先の機密費使用を参謀総長が統括した上で陸相に報告するということだろう。

表13　機密費取り扱いの諸規則

	陸軍全体	各軍隊官衙内
明治37年1月12日以降	機密費取扱規程（表12）	機密費取扱手続
大正 7年6月10日以降	機密費取扱手続（表14）	機密費取扱細則

（註）日露戦争中は参謀総長が改めて機密費取扱手続を定め、軍司令官、師団長から参謀総長を経て陸軍大臣へ通報・報告した。

このあと北清事変後の支那駐屯軍や第一次世界大戦に際しての青島守備軍も機密費取扱手続を制定、改正して陸相や陸軍次官に報告しているが、後者の機密費取扱手続第一二条は受払計算書と使用明細書を陸相に報告すると規定している*8。

そしてシベリア出兵を前にして、大正七年六月一〇日付陸密第一七九号の陸軍次官通牒が新たな機密費取扱手続（後出表14参照）の制定を通知するとともに、「明治三十七年密発第六五号は自然廃止の儀と承知相成度申添候」と記すのであった*9。

陸軍における機密費使途の管理は、この時期までは明治三七年密発第六五号機密費取扱規程と同規程第三条に基づく機密費取扱手続に拠っていたこと、これ以後は次に述べるように、大正七年陸密第一七九号機密費取扱手続と同手続第一一条に基づいて各軍隊官衙の長官が定める機密費取扱細則に従うことになる（表13参照）。

大正・昭和期陸軍の機密費管理

明治三七年一月一二日付密発第六五号機密費取扱規程第一条、第二条（表12）と同年二月二二日付参謀総長制定の機密費取扱手続第一条、第二条は同文であり、大正七年六月一〇日付陸密第一七九号陸軍次官通牒の機密費取扱手

続第二条、第三条（主語が明確になるよう字句が補われている。表14参照）に受け継がれている。手続きが変化しても陸軍における機密費の定義は変わっていないということであろう。

シベリア出兵以降、昭和期にかけての機密費の使途の管理は、大正七年六月一〇日付陸密第一七九号として陸軍次官から軍務局長、経理局長や各軍隊官衙関係者に通牒された機密費取扱手続*10に基づいて行われたのであった。その条文は表14の通りである。

表14　機密費取扱手続（大正七年六月一〇日陸密第一七九号陸軍次官通牒）

第一条
本手続は機密費を取扱ふ軍隊官衙に於て之が出納を確実ならしむる為所要の事項を規定せるものとす
第二条
機密費は事の機密に属するものにして其の漏洩を防ぐ為普通法規外に於て使用するものとす
第三条
機密費は前条の目的を妨げざる限り努めて其の使途を明確ならしむべし
第四条
機密費を取扱ふ軍隊官衙には左の諸官を置き之が出納に任ぜしむるものとす
一、機密費出納命令官
二、同　取扱主任官
三、同　出納担任官
第五条
機密費出納命令官は同出納担任官を兼ぬることを得ず
第六条
機密費取扱主任官は必要の帳簿を備へ常に機密費の使用状況を明確ならしむべし

第七条
　機密費出納担任官は一般官金出納の例に準じ所要帳簿を備へ其の出納を登記し又現金の保管に関しては一般出納官吏の職責に準ずるものとす
第八条
　現金は一般官金保管の例に準じ之が取扱を為すべし但し銀行に預け入れんとするときは出納命令官の名を以てするものとす
第九条
　機密費収支証憑書は毎月之を編纂し受払計算書を付し出納命令官の検印を受け確実に之を保存すべし其の保存期限は十箇年とす
第一〇条
　機密費を取扱ふ軍隊官衙の長官は三ヶ月毎に受払計算書を添へ使途区分（使用の目的、金額、払渡を受けたる者の身分氏名等）を陸軍大臣に通報若は報告するものとす
第一一条
　本手続に対する細則は軍隊官衙の長官之を定め陸軍大臣に通報若は報告するものとす

第一条は機密費取扱手続制定の目的を機密費の出納を確実にするためとしている。第二条は陸軍における機密費の定義である。機密事項のために使うものであり、機密の漏洩防止のため普通法規の拘束を受けないとした。機密費の使途を明確にするのはこの機密費の目的を妨げない範囲においてと第三条は規定している。その上で第四条以下が機密費管理の方法を定めている。各軍隊官衙の長官が陸相に機密費の受払計算書と使途区分を通報するのは第一〇条によることが確認できる。第一一条に従って軍隊官衙内での具体的な機密費管理はさらに細則をつくって対処することになり、その細則も陸相に報告された＊11。

機密費関係書類の取り扱い

大正七年の機密費取扱手続をもとにした陸軍省内の業務分担は次のようであった。大正一三年一一月四日付陸密第二八九号大臣官房副官よりの通牒*12の内容は、大正七年六月陸密第一七九号機密費取扱手続第一〇条の機密費使用区分調書及び受払計算書の調製、提出要領を変更するという指示であり、使用区分調書は機密費取扱主任官が調製に任ずること、同調書は別封とし秘密の取り扱いとなすこと、受払計算書は使用区分報告または通報の添書とともに使用区分調書と分離し得るように仮綴となすことというものであった。理由として「秘密保持上遺憾なからしむる為」とともに、「陸軍省に於ける書類保管区分を左記の通とするを適当と認むるに依り之に便ならしむる為」として、使用区分調書は軍務局の軍事課及び歩兵課、受払計算書は経理局主計課を保管先としている。参考として前出の大正七年六月一〇日陸密第一七九号陸軍次官通牒の機密費取扱手続全文が添付されている。

アジア歴史資料センターを通して「陸軍省大日記」収録の機密費関係文書を閲覧すると、大正一三年一一月のこの通牒以前の時期では、機密費取扱手続第一〇条に基づき各軍隊官衙の長官から陸相に報告された受払計算書と使用区分調書は、軍事課、主計課回覧のあと主計課に保管されている。同手続第一一条に基づき各軍隊官衙の長官から陸相に報告された機密費取扱細則も、同じく軍事課、主計課回覧のあと主計課に保管されている。この陸密第二八九号の通牒によって、大正一三年一一月以降は機密費の使途を把握できる使用区分調書の保管先が主計課から軍事課、歩兵課に変更されたのである。歩兵課は同一五年九月の陸軍省官制改正による軍務局編制の兵科別から機能別への改編によって消滅するので、この一三年一一月の変更は、機密費管理における軍事課の権限の強化を意味するといえよう。各軍隊官衙から陸相に提出された機密費取扱細則についても軍事課が保管するケースが見られるようになる。

大正一四年八月一三日付で陸軍技術本部長は機密費取扱手続第一一条に従って機密費取扱細則を別冊の通り制定したことを陸相に報告しているが*[13]、この文書上には軍事、主計両課の閲覧済みの印とともに、「別冊当課に於て保管す　九月三日」との書き込みに上月良夫少佐の捺印がある。上月少佐は初代の軍事課予算班長であり、このポストは同年八月七日付で設置されている*[14]。同一三年から一五年にかけては宇垣一成陸相の下で軍縮が敢行された時期であった。機密費の管理方法の変更や軍事課予算班の設置、さらには軍務局の機能別編制への改編が宇垣軍縮の下で実施されたことは興味深い。予算による統制の強化を含む一種の行政改革が行われたといえるのではないか。

次節以降で分析する昭和八、九、一〇年度の機密費はここまで述べてきたような経緯をもつシステムの下で、交付と使途の管理が行われることになる。

機密費の使途と受領者

使用報告の別封書類については、「陸軍省大日記」に収録された大正期の一部の文書中の使用区分調書を見ると、使用の目的、払い渡しを受けた者の身分と氏名、金額などが記されている。「陸軍省大日記」を閲覧していて以下の使用区分調書（使途区分書、使用明細書、使用区分表、使途区分調書）が受払計算書とともに目にとまった。アジア歴史資料センターのレファレンスコードを付記する。

台湾総督府陸軍部　大正七年度自四月一日至六月三十日機密費使途区分書　C03022449200

関東都督府陸軍部　大正七年度自七月至九月機密費使用明細書　C03022449400
青島守備軍民政部　大正七年度自七月至九月軍政会計機密費使用区分表　C03024976600
青島守備軍民政部　大正七年度自十月至十二月軍政会計機密費使用区分表　C03025009200
第九師団司令部　大正十年度自八月至十月三ヶ月機密費使途区分調書　C03010320300

別冊とされた受払計算書と使用区分調書は、使用報告の送り状とは別に保管されて「陸軍省大日記」には収録されないのが原則だったようだが、何らかの理由（上記台湾総督府陸軍部の分では付箋に機密費の使い方に関する軍事課と主計課の意見が記されている。関東都督府陸軍部の分には陸軍次官名で機密費使用法について注意を促す同府参謀長宛の通牒が添付されている）で取り分けられず、送り状とともにそのまま大日記に収録されている。大正七年の分が目立つのは、上述した同年六月陸密一七九号の機密費取扱手続の制定による同費管理方法の変更と関係するのかもしれない。

上記の使用区分調書には機密費の使途や受領者が記録されている。中でもシベリア出兵中の第九師団司令部の使途区分調書は、アジア歴史資料センターでの画像が四六に及ぶ大部のもので、使用目的のほとんどが諜報活動であり（「密偵使用費」「情報蒐集に対する報酬」「露人及密偵懐柔用として物品購入代」など）、同活動が行われた地域とその内容も記されている。機密費を受領した人物として多数のロシア人、朝鮮人の名前が見られる。同師団が派遣された沿海州での諜報活動の実態がうかがえよう。なお、受払計算書の方は、当該期間中の機密費について前期繰越額、本期受領額、本期支払額、次期繰越額などを一枚にまとめた書式であった。使用区分調書や受払計算書などの資料が他の時期についても現存していれば、各時期の陸軍機密費の使途の探求が可能となるはずである*15。

第二節　機密費の交付

交付の手順

前節で述べたように陸軍機密費には歳出予算の款項目による区別がある。昭和八、九、一〇年度では、歳出経常部の軍事費中の機密費、歳出臨時部の支那駐屯部隊費中の機密費と同じく満洲事件費中の機密費である。「陸軍省大日記」所収の機密費交付の文書に付けられた審案用紙の件名の欄には、軍事費や支那駐屯部隊費の機密費交付の場合は「機密費交付の件」、満洲事件費機密費の場合は原則として「満洲事件費機密費交付の件」と記されている。そして軍事費、支那駐屯部隊費の文書は「陸軍省大日記」中の「密大日記」に、満洲事件費の文書は同じく「陸満機密・密・普大日記」に収録されている。

昭和八、九、一〇年度の機密費交付の文書を概観すると、以下の事項が共通しているのがわかる。

一　審案用紙には起元課として主計課、連帯課として軍事課の名が記入されている。それ以外の課は関与していない。

二　決裁は原則として次官委任とされている。次官と大臣官房の高級副官、主務副官の捺印、そして主務局長として経理局長、主務課長として主計課長、主務課員として主計課員、連帯局長として軍務局長、連帯課長として軍事課長の捺印がある。例外として局長委任の決裁がある。

三　審案用紙に続く文書の主文は「経理局主計課長へ達案」もしくは「経理局主計課長宛達案」とされていて、費目（軍事費機密費、支那駐屯部隊費機密費、満洲事件費機密費の別）、交付先の職名・人名と金額が記されている。

機密費の交付先と金額を主計課長への達案という経理局主計課起案の文書の形にして軍務局軍事課の連帯をとり、大臣官房を通して、陸相から決裁を委任された次官の承認を得て機密費を支出、交付するという手順である。

この文面だけでは経理局主計課が機密費を掌握しているように見えるが、「機密費支出請求書」という付属の文書を見ると、機密費交付は軍務局軍事課の判断に基づいていることがわかる。昭和八年「密大日記」第四冊所収の「機密費交付の件」＊16には、同年四月四日付で「軍事費機密費五万円支出の上陸軍次官柳川平助に交付すべし」という「経理局主計課長へ達案」が審案文書として入っているが、それに先立つ四月一日付の「機密費支出請求書」が添付されている。これは軍務局軍事課から経理局主計課宛の文書で、「下記金額陸軍次官へ交付の手続相成度候也」という文章と機密費区分として経常軍事費、支出金額として五万円、残額として四万二七二〇円の記載があり、山岡重厚軍務局長、山下奉文軍事課長、綾部橘樹軍事課予算班長（高嶋の前任者）の捺印がある。この軍事課からの請求に基づいて主計課が上述の達案を作成していることになる。形式上は主計課起案、軍事課連帯だが、実際には第三章第二節に述べた通り、軍事課が機密費交付を主導して直接同費の運用にあたっていたことがわかる。

以上のことをふまえて、次に昭和八、九、一〇年度の陸軍機密費の金額と交付先を検討する。

1．昭和八年度

満洲事件費機密費のボリューム

昭和八年度予算中の陸軍機密費の総額と内訳は以下の通りである。

歳出経常部　軍事費機密費　　　　　　　　　二五〇、一八〇円＊[17]
歳出臨時部　支那駐屯部隊費機密費　　　　　二四、二二五円＊[18]
　同　　　　満洲事件費機密費　　　　　一〇、〇六〇、〇〇〇円＊[19]
合計　　　　　　　　　　　　　　　　　一〇、三三四、四〇五円

アジア歴史資料センターを通して機密費をキーワードに「陸軍省大日記」を検索した結果に基づいて、昭和八年度中の機密費交付の内容をまとめると表15のようになる＊[20]。

参謀本部は参謀次長、外地駐留部隊（軍）は参謀長、憲兵は憲兵司令官が機密費を受け取り、各軍隊官衙内の配分役をつとめていることになる。陸軍全体の配分の決裁を大臣から委任されている次官は陸軍省分を自ら預かっている。次官と参謀次長が省部の機密費に関する元締めであったのは第三章第二節で論じた。

表15の数値をもとに交付先ごとの機密費金額の合計をまとめると表16となる。東京における標準価格米一〇kgの小売価格は、昭和八年一円九〇銭、同一〇年二円五〇銭であった＊[21]。米価を基準に当時の金額を現在の貨幣価値に換算するのに二〇〇〇倍程度が妥当とすると、当時の一〇〇〇万円は現在の二〇億円ほどということになる。陸軍機密費のボリュームがわかるであろう。

歳出臨時部の満洲事件費機密費が歳出経常部の軍事費機密費を金額の面で圧倒していること、すなわち満洲事変が陸軍に多大の機密費使用を可能にしていたことがわかる。臨時部支那駐屯部隊費中の機密費金額は僅少なので、満洲事変勃発以前は経常部軍事費中の機密費が陸軍機密費の実体をなしていたことになる。大正末から昭和初めにかけては軍備近代化の経費捻出のため、この経常部軍事費中の機密費も削減さ

表15 昭和8年度中の機密費交付

昭和	月/日	費　目	交付先職名	金額(円)	対象期間	典　拠(レファレンスコード)
8	4/4	軍事費機密費	陸軍次官	50,000		C01003988000
8	5/2	満洲事件費機密費	支那駐屯軍参謀長	15,000	5, 6月分	C01002862500
			朝鮮軍参謀長	10,000	5, 6月分	
			台湾軍参謀長	2,000	5, 6月分	
			陸軍次官	45,200		
			参謀次長	305,700		
			憲兵司令官	5,000	5, 6月分	
8	5/10	満洲事件費機密費	朝鮮軍参謀長	43,000		C01002865400
8	5/30	満洲事件費機密費	上海派遣憲兵	5,000		C01002874800
8	7/3	満洲事件費機密費	支那駐屯軍参謀長	10,000	7, 8月分	C01002887200
			朝鮮軍参謀長	10,000	7, 8月分	
			台湾軍参謀長	2,000	7, 8月分	
			陸軍次官	45,200		
			参謀次長	28,000		
			憲兵司令官	5,000	7, 8月分	
8	7/29	満洲事件費機密費	関東軍参謀長	1,113,000		C01002900100
			陸軍次官	27,100		
8	8/31	満洲事件費機密費	支那駐屯軍参謀長	10,000	9, 10月分	C01002916900
			朝鮮軍参謀長	12,500	9, 10月分	
			台湾軍参謀長	2,000	9, 10月分	
			陸軍次官	45,200		
			参謀次長	51,700		
			憲兵司令官	5,000	9, 10月分	
			上海派遣憲兵	7,500	9,10,11月分	
8	9/16	満洲事件費機密費	関東軍参謀長	2,000,000		C01002913600
8	9/25	満洲事件費機密費	陸軍次官	200,000		C01002919300
			参謀次長	152,000		
8	11/9	満洲事件費機密費	関東軍参謀長	1,895,000		C01002940900
8	11/9	満洲事件費機密費	支那駐屯軍参謀長	10,000	11, 12月分	C01002941000
			朝鮮軍参謀長	10,000	11, 12月分	
			台湾軍参謀長	2,000	11, 12月分	
			陸軍次官	40,000		
			参謀次長	20,000		
			憲兵司令官	5,000	11, 12月分	
8	12/4	軍事費機密費	陸軍次官	24,000		C01003992100
8	12/4	満洲事件費機密費	上海派遣憲兵	7,000		C01003992200

8	12/29	支那駐屯部隊費機密費	台湾軍参謀長	5,000		C01007485400
9	2/24	軍事費機密費 支那駐屯部隊費機密費	陸軍次官 憲兵司令官 支那駐屯軍参謀長	11,720 600 16,825	 本年度末迄 本年度末迄	C01007486200
9	2/24	満洲事件費機密費	陸軍次官 参謀次長 憲兵司令官	110,000 200,000 6,000	 本年度末迄	C01002966200
9	3/28	満洲事件費機密費	関東軍参謀長 上海派遣憲兵 陸軍次官	50,000 6,000 33,122		C01002974600

（註）交付先職名の記載順は典拠とする文書上の順に従った。対象期間は文書に明記してある場合のみ記載した。

表16　昭和８年度中の交付先別機密費金額（単位：円）

交付先職名	合　計	内　訳		
		軍事費	満洲事件費	支那駐屯部隊費
関東軍参謀長	5,058,000		5,058,000	
参謀次長	757,400		757,400	
陸軍次官	631,542	85,720	545,822	
朝鮮軍参謀長	85,500		85,500	
支那駐屯軍参謀長	61,825		45,000	16,825
憲兵司令官	26,600	600	26,000	
上海派遣憲兵	25,500		25,500	
台湾軍参謀長	13,000		8,000	5,000
計	6,659,367	86,320	6,551,222	21,825

れた*22。満洲事件費中の巨額の機密費を手許に得たことと政治勢力としての陸軍の台頭の間には関係があるように思える。

中でも関東軍参謀長が巨額の満洲事件費機密費の交付を受けている。その金額の大きさのゆえか、朝鮮軍、支那駐屯軍、台湾軍など他の外地駐留部隊と区別して交付手続きが行われているのは表15の示す通りである。後者の三軍参謀長宛の機密費交付が定期的な分配であったのに対し、匪賊討伐と並行して政治工作、宣撫工作を進め治安回復につとめていたこの時期の関東軍*23には、同軍の直面する課題に即応して随時機密費が交付されたということか。先に示した昭和八年度陸軍機密費の総額と比べると、ここでは全体の六割五分ほどの交付先を明らかにしたことになる。同年度の陸軍機密費を網羅しているとはいえないが、大体の傾向は把握できたといってよいだろう。

関東軍の機密費逆送

関東軍が巨額の機密費を受領していたことに関しては、今村均が興味深い談話を残している。彼は昭和一一年三月に参謀副長に着任して関東軍の機密費の仕組みを承知したと述べていて、以前からの慣行だったのだろう。それによれば、陸軍はソ連や蒋介石の軍事力への対抗を名目に関東軍の名前で陸軍省の機密費をとっていて、そのため関東軍の使用分とは別に陸軍省から預かっている分があり、指示があればすぐに満洲から送り返すことを条件に、利息分は使ってよいが元金は使わないことになっていたという*24。

表15の関東軍参謀長宛の満洲事件費機密費交付のうち陸軍省分に相当するものがあるのか、陸軍機密費全体の三割五分ほどを捕捉できなかったのは関東軍による保管と関係するのか、陸軍省への逆送は行われたのか、陸軍省内では軍務局軍事課や経理局主計課はどのように処理したのかなどは、最終的に誰に支払われ、何の目的に使われたのかと同様にわからない。こうした慣行がどの時点で誰によって始められたかも興味をひく課題である。

林銑十郎陸相の遺した「昭和拾年八月異動に関する記録」という文書の中の「十、正義派の人々に問ひ度問題」は、真崎甚三郎教育総監更迭を含む昭和一〇年八月の人事異動を前にして、林陸相がいわゆる皇道派の姿勢を問い質すためにまとめたメモと思われるが、その中に「機費《〔ママ〕》が満洲より流入し、使用されありとの事なるが、之を如何に見るか」という一項がある*25。陸軍予算中に満洲事件費が設けられ、機密費が巨額となったのは満洲事変後の荒木貞夫陸相の時であることからすれば、この林の記述の示唆する通り、荒木陸相の下で満洲事件費機密費の逆送が始まったと推測できる。荒木陸相、柳川平助次官の下での皇道派の隆盛は、この機密費の使用と関係しているのではないだろうか。

2. 昭和九年度他省機密費との比較

次に昭和九年度の機密費交付を調べてみる。

昭和九年度予算中の陸軍機密費の総額と内訳は以下の通りである。

歳出経常部	軍事費機密費	二五〇、一八〇円*26
歳出臨時部	支那駐屯部隊費機密費	二四、二二五円*27
同	満洲事件費機密費	七、〇六〇、〇〇〇円*28
合計		七、三三四、四〇五円

軍事費機密費、支那駐屯部隊費機密費は八年度と同額、満洲事件費機密費は三〇〇万円の大幅減額となっている。事変勃発から二年経過した満洲の状況が予算にも反映しているということだろう*29。

当時の新聞には、第六五回帝国議会衆議院予算委員会で予算委員からの求めに応じて大蔵省が同委員に提供した九年度予算案中の各省機密費に関する資料に基づいた記事が掲載されている。そこに示された陸軍省所管分の機密費の総額、費目別の内訳は上記と全く同じである。同記事の示す九年度予算案一般会計歳出中の各省機密費の金額は次のようであった（内訳は省略、単位：円）＊30。

外務省　二、五五八、五六八　陸軍省　七、三三四、四〇五　拓務省　四六、五五〇
内務省　八二二、二三二　海軍省　一、七四三、三〇〇
大蔵省　四七、四七五　司法省　一三〇、六五四
一般会計合計　一二、六八三、一八四

減額を受けても陸軍省が一般会計歳出中の機密費総額の六割近く、外務省の約三倍の金額を得て他を圧倒し、海軍省はその外務省をも下回っている。満蒙政策をはじめ対外政策の面でも陸軍がイニシアチブを発揮していく要因のひとつがここにうかがえる。

昭和九年度の陸軍機密費交付の分析のため、「陸軍省大日記」をアジア歴史資料センターを通して検索して判明した文書をもとに、同年度中の機密費の交付の内容を八年度と同様にまとめると表17のようになる＊31。

表17の数値をもとに交付先ごとの機密費金額の合計をまとめると表18となる。関東軍参謀長が巨額の満洲事件費機密費を受け取っているのは前年度と変わらない。ただし単独での交付から他の外地駐留軍参謀長や次官＊32、参謀次長など宛の交付と一緒に行われるように変化しているのは表18の示す通りである。

先に見た昭和九年度の陸軍機密費総額中の七割七分を特定できて、おおよその傾向を示しえたと思うが、軍事費機密費交付の文書が得られなかったことなど、陸軍機密費を網羅しているといえないのも前年度についてと同様である。交付先に上海日本公使館付武官が加わっているのが変化といえる。

表17 昭和9年度中の機密費交付

昭和	月/日	費目	交付先職名	金額(円)	対象期間	典拠(レファレンスコード)
9	4/9	満洲事件費機密費	関東軍参謀長	2,000,000		C01002980000
			朝鮮軍参謀長	12,000	4, 5, 6月分	
			台湾軍参謀長	2,400	4, 5, 6月分	
			陸軍次官	148,000		
			参謀次長	324,000		
			憲兵司令官	6,600	4, 5, 6月分	
9	4/14	支那駐屯部隊費機密費	支那駐屯軍参謀長	21,825		C01007486600
9	7/3	満洲事件費機密費	関東軍参謀長	1,200,000		C01003008500
			支那駐屯軍参謀長	8,000	8, 9月分	
			朝鮮軍参謀長	12,000	7, 8, 9月分	
			台湾軍参謀長	2,400	7, 8, 9月分	
			陸軍次官	59,000		
			参謀次長	30,000		
			憲兵司令官	6,600	7, 8, 9月分	
9	7/27	満洲事件費機密費	陸軍次官	21,800		C01003012500
9	9/5	満洲事件費機密費	上海日本公使館付武官	2,000		C01003018900
9	12/11	満洲事件費機密費	関東軍参謀長	1,10,000		C01003037200
			支那駐屯軍参謀長	15,000	本年度末迄	
			朝鮮軍参謀長	13,000		
			台湾軍参謀長	2,400	本年度末迄	
			陸軍次官	223,794		
			参謀次長	232,942		
			憲兵司令官	7,200	本年度末迄	
			上海派遣憲兵	1,500		
10	3/4	満洲事件費機密費	関東軍参謀長	130,000		C01003045200
			陸軍次官	34,900		
			参謀次長	35,000		

(註) 交付先職名の記載順は典拠とする文書上の順に従った。対象期間は文書に明記してある場合のみ記載した。

表18　昭和９年度中の交付先別機密費金額（単位：円）

交付先職名	合　計	内　訳		
		軍事費	満洲事件費	支那駐屯部隊費
関東軍参謀長	4,430,000		4,430,000	
参謀次長	621,942		621,942	
陸軍次官	487,494		487,494	
支那駐屯軍参謀長	44,825		23,000	21,825
朝鮮軍参謀長	37,000		37,000	
憲兵司令官	20,400		20,400	
台湾軍参謀長	7,200		7,200	
上海日本公使館付武官	2,000		2,000	
上海派遣憲兵	1,500		1,500	
計	5,652,361		5,629,036	21,825

３．昭和一〇年度

二・二六事件に伴う機密費交付

昭和一〇年度予算中の陸軍機密費の総額と内訳は以下の通りである。

歳出経常部　軍事費機密費　二五〇、一八〇円＊33

歳出臨時部　支那駐屯部隊費機密費　二四、二二五円＊34

同　満洲事件費機密費　七、〇六〇、〇〇〇円＊35

合計　七、三三四、四〇五円

各費目の金額は九年度と同じである。

アジア歴史資料センターを通して機密費をキーワードに「陸軍省大日記」を検索した結果に基づいて、昭和一〇年度中の機密費交付の内容を八、九年度と同様にまとめると表19のようになる＊36。

昭和一一年三月一六日付で陸軍次官に交付されている五万円は、臨時警備諸費機密費という費目になっている。二・二六事件に関する戒厳その他に要する経費として、国庫剰余金から合計七一万九〇一八円の責任支出が同年三月四日の閣議で決定されていて、そのうち陸軍省所管分は臨時警備諸費六

表19 昭和10年度中の機密費交付

昭和	月/日	費　目	交付先職名	金額(円)	対象期間	典　拠 (レファ レンスコード)
10	3/27	満洲事件費機密費	関東軍参謀長	1,800,000		C01003051400
			支那駐屯軍参謀長	100,000		
			朝鮮軍参謀長	16,000	4,5,6,7月分	
			台湾軍参謀長	3,200	4,5,6,7月分	
			陸軍次官	336,100		
			参謀次長	345,635		
			憲兵司令官	6,800	4,5,6,7月分	
			上海派遣憲兵	2,000	4,5,6,7月分	
10	7/26	軍事費機密費	陸軍次官	81,083		C01004081500
			参謀次長	10,737		
10	7/26	満洲事件費機密費	関東軍参謀長	1,800,000		C01003078100
			支那駐屯軍参謀長	20,000	8,9,10,11月分	
			朝鮮軍参謀長	16,000	8,9,10,11月分	
			台湾軍参謀長	3,200	8,9,10,11月分	
			陸軍次官	195,850		
			参謀次長	214,194		
			憲兵司令官	6,800	8,9,10,11月分	
			上海派遣憲兵	3,000		
10	8/19	満洲事件費機密費	陸軍次官	182,000		C01003082000
11	1/24	満洲事件費機密費	陸軍次官	196,451		C01003098600
11	3/16	臨時警備諸費機密費	陸軍次官	50,000		C01004179100

（註）交付先職名の記載順は典拠とする文書上の順に従った。対象期間は文書に明記してある場合のみ記載した。

表20　昭和10年度中の交付先別機密費金額（単位：円）

交付先職名	合　計	内　訳			
		軍事費	満洲事件費	支那駐屯部隊費	臨時警備諸費
関東軍参謀長	3,600,000		3,600,000		
陸軍次官	1,041,484	81,083	910,401		50,000
参謀次長	570,566	10,737	559,829		
支那駐屯軍参謀長	120,000		120,000		
朝鮮軍参謀長	32,000		32,000		
憲兵司令官	13,600		13,600		
台湾軍参謀長	6,400		6,400		
上海派遣憲兵	5,000		5,000		
計	5,389,050	91,820	5,247,230		50,000

〇万〇三五〇円となっていた＊37。その一部が機密費として交付されたことになる。

表19の数値をもとに交付先ごとの機密費金額の合計をまとめると表20となる。満洲事件費から巨額の機密費が関東軍参謀長に交付されているのは変わっていない。陸軍次官宛と支那駐屯軍参謀長宛の交付額が増加しているようだが、表19、20で示した交付金額も、先に見た昭和一〇年度陸軍機密費総額中の七割三分ほどにとどまり、すべての機密費交付を網羅しているわけではないので、大体の傾向を示すにとどまると考えた方がよいだろう。

第三節　機密費の使用報告

軍事課予算班による使途のチェック

次に「陸軍省大日記」をアジア歴史資料センターを通して検索、閲覧して、昭和八、九、一〇年度の陸軍機密費の使用報告の文書を特定して分析する。

「陸軍省大日記」収録の上記年度分機密費の使用報告の文書を概観すると＊38、次のようなことが共通しているのに気づく。

一　宛先は陸軍大臣である。

二　陸軍省外からの文書なので審案用紙は付されず、大臣官房の受領印が押されて軍務局軍事課のみの閲覧に付されている。軍事課の受領印と同課予算班長（綾部、のち高嶋）、時に予算班員（西浦）の捺印がある。

三　「陸軍省大日記」に収録されているのは、機密費使用に関係する書類を送るという送り状のみである。関係書類は「別封（別紙）当課に保管す　軍事課」と記されているだけで、機密費受払計算書、同使用区分調書などの書類は収録されていない。

書面による機密費使途のチェックは軍事課予算班の業務であり、経理局主計課は関与していないことがわかる。前節で論じた交付の主導権の所在と合せて、この時期の機密費による陸軍部内統制の中心は軍事課予算班であるという第三章第二節で取り上げた言説や本章第一節で示した機密費の管理システムが、事例によって裏付けられたことになる。予算班長の金庫は陸相宛の使途明細の報告書で一杯だったという*39。それらが現存していないとすれば、別封の書類は終戦時に機密文書として焼却されたのかもしれない*40。

昭和八、九、一〇年度機密費使用報告の発信人となっているのは以下の職名である。

　憲兵司令官、陸軍航空本部長、陸軍技術本部長、東京警備司令官

　関東軍司令官（参謀長）、朝鮮軍司令官、台湾軍司令官、支那駐屯軍司令官

参謀本部からの使用報告は入っていない。各軍隊官衙の長官の名前で発信されていて、外地駐留部隊については、機密費交付は前節で見たように参謀長宛であったのに対し、使用報告の発信人は司令官ということになるが、関東軍のみ昭和八年七月の菱刈隆大将の司令官就任と前後して使用報告も参謀長名に変更されている。

日付などを除くと軍隊官衙ごとに使用報告の文面は一定している。通して見ると文面から次のことが判明する。

一　何年（度）何月分の機密費の使用報告と明記しているものが多く、関東軍司令官（参謀長）は一

ヶ月分の使用報告を翌月に提出、支那駐屯軍司令官も一部を除き毎月提出しているが、他は三ヶ月分をまとめて報告する形式が多い。

二　憲兵司令官と朝鮮軍司令官は軍事費機密費と満洲事件費機密費の使用報告を分けて提出している。憲兵司令官は上海派遣憲兵宛交付の機密費の使用報告も行っている。

三　関東軍司令官（参謀長）と陸軍航空本部長は「機密費取扱手続第十条」によって使用報告を行うと明記しているので、機密費取扱手続が使用報告の根拠ということになる。

四　別封書類の中味を、憲兵司令官は受払計算書と支払使途区分調書、東京警備司令官は受払計算書と使途区分表、関東軍司令官（参謀長）は受払計算書、支那駐屯軍司令官は使用区分調書（のち内訳使用区分調書）と収支計算表と記していて、これら書類が軍事課で保管されたことになる。

機密費管理の実態

昭和八、九、一〇年ごろの陸軍における機密費使途の管理の態様は、上記の判明事項を次の資料と組み合わせることでより明瞭になる。二・二六事件後の昭和一一年四月一日付の「機密費の使途区分報告の件」（陸密第二八一号）は大臣官房副官よりの通牒であり、主文は「大正七年六月十日陸密第一七九号機密費取扱手続第十条の受払計算書及使途区分報告に関しては自今当分の内別紙規定に拠られ度依命通牒す」というものだが*41、その内容を見ると、本章第一節で見た大正一三年一一月四日付陸密第二八九号からここに至る時期の陸軍における機密費管理の実態がうかがえる。

主文に続いて「説明」が以下のように記してある。

一　満洲事件費機密費は各部局共毎月報告すべき規定なりしも関東軍及支那駐屯軍の外は軍事費同様三ヶ月毎にて十分なるの状態となれり

二　受払計算書は主計課に保管せしむる為外封に入るゝ規定なりしも主計課に保管することは其必要を認めざるを以て目下実行せられあらず且つ受払計算書も秘密扱とするを必要とするを以て使途区分と共に内封に入るゝを適当とす

三　各種機密費の令達は之を別途に行ふも受払及使途区分の報告には之を区別するの必要なきに由る

その上で別紙として次のような機密費使途区分報告規定が添付されている。

一「毎年四乃至六月、七乃至九月、十乃至十二月、一乃至三月毎に」受払計算及使途区分を報告す

(関東軍及支那駐屯軍宛のものは「　」内を「毎月」に作る)

二　受払計算書及使途区分報告は共に秘密払［扱カ］とし内封に「機密費に関する件」と表記し更に上封を施す

三　軍事費、支那駐屯部隊費、満洲事件費を総合して一括したる受払計算及使途区分の報告を行ふ

(宛名部局に令達せられある費目のみを掲記す、一費目のみを令達せられある部局には本項を除く)

先に見た昭和八、九、一〇年度の機密費使用報告の分析結果と重ねてみると、この通牒の意味するところは次のようにいえよう。機密費取扱手続第一〇条に基づく受払計算書と使途区分の陸相宛報告については、その現実に行われている報告と管理の方法を追認するような形で機密費使途区分報告規定を定めたので、今後はそれに従って使用報告すべきである、ということである。機密費のうち満洲事件費機密費は毎月報告することになっていたが*42、それを実行していたのは実際には関東軍と支那駐屯軍のみであった。

各軍隊官衙から陸相宛に報告された受払計算書と使用区分調書も、軍事課のみが閲覧して同課が保管するのが現実であった。本章第二節で述べたように機密費の交付（令達）は費目ごとに行われるのが普通であったが、使用報告については一部を除いてすでに各費目を一括する形で行われていたのが現状であった。

前出の大正一三年一一月四日付陸密第二八九号大臣官房副官よりの通牒は、使用区分調書の保管先を軍事課、歩兵課に変更する一方で受払計算書は主計課のままとしていた。しかしこの昭和一一年四月一日付陸密第二八一号の大臣官房副官通牒にあるように、その後の現実は受払計算書の主計課保管も実行されてはいなかったということになり、それは本節冒頭で示した昭和八、九、一〇年度の機密費使用報告の分析によって裏付けられる。陸軍中央では、陸軍省軍務局軍事課が機密費の使途を掌握していたのである。

なお、上記昭和一一年四月の陸密第二八一号通牒には参考として「大正七年六月十日陸密第一七九号陸軍次官通牒　機密費取扱手続」全文が添付されていることから、同手続がこの間変わらず機密費に関する陸軍部内の基本規定であったことがわかる。

機密費と陸軍軍政

本章でここまで進めてきた分析をもとに、陸軍における機密費管理の変遷を顧みて気づくのは、軍務局軍事課も関与する形で経理局主計課が主管していた形から軍事課主管への変化である。それは機密費を管理するに際して、経理的な側面よりも軍政的な側面を陸軍がより重視するようになっていったということだろう。その画期が宇垣軍縮期にあったのは本章第一節に見た通りである。軍事課主導の機密費管理の形態はこうした出来上がってきたように考えられるが、陸軍機密費の変遷をその管理の形式から考察するにはさらに精査が必要だろう。

真崎甚三郎は大正九年から一〇年にかけての軍事課長在任時のこととして、当時の田中義一陸相の下で機密費が宴会などに乱用されているのに眉をひそめていると、田中と同じ長州閥の軍務局長（菅野尚一中将）や軍事課高級課員（児玉友雄中佐）の策謀で軍事課長から連隊長に放逐されたと証言している*43。こうした機密費の乱用や田中の同費流用問題（立憲政友会総裁として政界に転じた際に同費横領が疑われた）に宇垣陸相がどのように対処したかを検討すべきなのだろう。

第四節　機密費と軍事課予算班長

以上が「陸軍省大日記」所収の陸軍内部文書をもとにした昭和八、九、一〇年度の陸軍機密費についての分析である。先に第三章第二節で論じたように、軍事課予算班長は機密費管理の実務を担当していた。その様子は本章のここまでの分析からもわかるはずだが、次に、角度を変えて昭和八年一一月から予算班長の任にあった高嶋辰彦少佐の日記を通して、その実態を見てみる。

1．昭和八年度

機密費の配分と調整

「高嶋日記」に初めて機密費に関する記述が見られるのは、予算班長就任から一ヶ月後の昭和八年一二月一日で、「午後機密費等の分配に関し研究」とある。同月七日から九日にかけては「機密費問題にて奔走」している。「結局歩み寄りにて解決」したが、「其の内訳に関し交渉」がもたれ、その中心は「関東軍に対する機密費」だった。問題を紛糾させた当事者については記載されていないが、関東軍への巨額の機密費交付が陸軍部内に摩擦を生じさせ、予算班長としてその調整を余儀なくされたということだろう。詳細な記述がないので断定はできないが、本章第二節で指摘した関東軍預かりの機密費に関係しているのかもしれない。一二月二八日には「御用終ひなり。機密費の配当等を皆終る」と記している。表15にある翌二九日付の台湾軍参謀長宛の機密費交付を指しているか*44。

しばらく途絶えた機密費に関する高嶋の記述は、昭和九年二月下旬に再開される。二〇日「き《ママ》密費の決算仲々面倒なり」、二一日「昼は機密費の決算に多忙なり」、二二日「今日機密費の表を作製す。これにて漸く安心せり」とあったあと、二三日「機密費の決算漸く完成、一安心せり」となる。年度末を控え、決算のための作業の一環として説明用の一覧表を作成したと推測できる。

三月には翌年度の機密費交付の準備に入っている。一五日に「満洲事件費機密費、昭和九年度の配当計画を為」したあと、一六日には「午前機密費の作業完成」とあるので、九年度機密費の配分については、この時点で軍事課予算班長によって大体の計画が立てられているということだろう。同日には「午後三時半、昭和九年度予算上奏御裁下《ママ》を得たり。これにて一応落着きたり」とも記してあり、新年度予算が定まる時期には機密費の配分内容も固まっていたことになる。

一方、同月二四日「機密費の作業完成す」、二六日「機密費の手続全く終了。之れにて一安心せり」、二七日「機密費の仕末全く完了」とあるのは、八年度分の機密費交付をなし終えたことを意味しているか。表15には二八日付の満洲事件費機密費交付が見られる。

2. 昭和九年度「面倒なる仕事」

昭和九年度に入って早々、四月六日の「高嶋日記」には機密費の令達を終えたことが記されている。これは表17の四月九日付の満洲事件費機密費の交付を指すのだろう。軍務局軍事課としての手続きを六日に終え、週明け月曜日の九日に決裁されたということか。六月二九日の「機密費の令達等に従事」という記述も、同様に表17の七月三日の交付に関係しているはずである。また一一月二八日の「機密ヒ《ママ》の配当等に関し研究す」、三〇日「午前午後共に機密費関係の仕事を為す」、一二月三日「午前午後共に機密費の分配及研究費の折衝を為す」、四日「機密費の分配に関する作業を為」すといった記載は、同月一一日の満洲事件費機密費交付に結びつくと考えられる。この一二月の交付について、五日に「午前午後共に機密費の研究、本年度《ママ》もこれにて終らんとするを以て、面倒なる仕事より片付けんとす」と高嶋が書いているのは、歳末という時節にもよるが、機密費交付が気苦労の絶えない仕事であったことを示している。それゆえに軍事課内の手続が済んだのであろう八日には、「機密費の打払ひ一段落つき大安堵せり」と洩らしているのである。

一方、「高嶋日記」には九月二六日に「機密費の認可を受け」る、二九日には「機密費の配当等を完成す」とあるが、それに該当する機密費交付の文書は「陸軍省大日記」の今回の検索では検出できなかった。九月末か一〇月初めに交付があったはずである。

昭和一〇年三月には八年度末と同様に機密費の決算が行われ、次年度の配当計画が作成されている。

「高嶋日記」三月六日の「機密費の決算にかゝりたるも仲々面倒なると、外の業務に携ること多くして捗らざること甚し」、七日「機密費の決算に没頭す」という記述はこの仕事の煩雑さを示しているが、決算に次年度の計画立案も加わると、八日「終日機密費の決算及十年度計画を為す。何時迄立〔ママ〕っても多忙なり」と繁忙の度合いも増すことになる。結局一五日に「今日機密費の大臣決裁を終る」が、これは決算の決裁であろう。二二日に「午前、午後に亘り機密費の計画を完成し、夕方課長に説明し漸く安堵せり」とあって、二三日「機密費の決裁を得たり。これにて仕事は一段落となる」とあるので、こちらは一〇年度計画の決裁と思われる。新年度を控えて機密費配当の計画も出来上がったことになる。

　ほかにも機密費に関して高嶋予算班長は、昭和九年七月二六日「次官、課長申送の為めの機密費の調査」を行っている。第四章第一節でも言及したように、八月一日付の陸軍定期異動で次官と軍事課長の更迭が内定していたので、その準備であろう。八月一一日に高嶋は「局長、課長に機秘〔ママ〕費に関する説明」も行っている。三月就任の軍務局長を含め、新任の次官、軍務局長、軍事課長に予算班長が機密費関係事項を上申していることは、陸軍機密費の実務を予算班長が担っていたことを示す。

議会の関心

昭和九年度中の「高嶋日記」の機密費に関する記述でほかに目を引くのは、第六七回帝国議会に関係して昭和一〇年二月に書かれた以下の部分である。一日「午後、機密費の答弁資料及議会解散の場合の研究にて終る」、四日「機秘密〔ママ〕費の答弁資料を完成、配布す」、九日「午前中諸般の機秘〔ママ〕費事項の処理」。

　これらは一月二八日の衆議院予算委員会で立憲政友会大口喜六代議士が満洲事件費機密費の減額につい

て尋ねて林陸相は考究すると答えていること*45と関係しているのだろう。昭和一〇年度の満洲事件費機密費は、九年度と同様に約七〇〇万円となっているが、政府全体の機密費約一二〇〇万円の過半を占めるほど多額なので、必要な経費については費目を明瞭にして機密費を減らすと世間の批判を避けられるのではないかというのが大口の意見であり、陸相は大体同感であり十分研究してみると答えている*46。議事録を見るとこのあとの予算委員会（総会、第四分科会）では本件に関する再度の質疑応答は見られないことから、高嶋の作成した資料は想定問答用であったか。なお「高嶋日記」昭和一〇年二月一二日には「謀略用の経費にて又多忙なり」とあるが、この前後に関連する記述が見当たらないのでこの「謀略」の内容はわからない。第三章第二節で軍事課予算班長は機密費を使う謀略の採否の判断を迫られたことを示したが、後出の対ソ謀略の件とともに、それを裏付ける事例といえる。

3．昭和一〇年度 機密費使途の陸相宛報告

昭和一〇年三月はまだ九年度中だが、二〇日には「機密費の令達案を略々完了す」、二七日「機密費の令達を為す。是れにて昭和九年度の大体の処理を終れり」とある。文面だけでは九年度分機密費の最終交付を終えたととれるが、この記述が表19にある三月二七日付の満洲事件費機密費の交付を指しているとしたら、「陸軍省大日記」中の文書「事件費機密費交付の件」（C01003051400）上には「四月より七月迄所要として」と明記してあるので一〇年度分を早めに配当したことになる。

同年七月二六日付の機密費交付については、同月一六日に高嶋が「午前午後に亘り機密費の配当計画を

為す。今回は相当複雑なり」、一七日に「午前午後に亘り機密費の調査。今回は相当面倒なり」と記しているが、表19が示すように、軍事費機密費と満洲事件費機密費の交付を同時に行うために、関係する業務が輻輳したからだろう。二〇日の「午前、機密費終に完成す」、二二日の「午前中機密費問題を解決し、午後課長の同意を求む」という記事は、軍事課内の手続が完了したことを示している。それゆえ翌二三日に「終日機密費の配当等の後始末を為す」と書いたあと、「是れにて又四ヶ月天下泰平なり」と感慨を漏らしているのであった。機密費交付が高嶋予算班長にとっては厄介な仕事と認識されていたことがわかるが、表19に示した対象期間と合せてみると、一〇年度の満洲事件費機密費は年三回に分けて四ヶ月分ずつ交付されたことも示している。

前節では「陸軍省大日記」収録の文書をもとに、機密費使用報告は軍事課に提出され予算班長が目を通すことになっているのを確認したが、一〇年九月に高嶋予算班長は機密費の使用報告を整理して陸相宛のレポートを作成している。同月二日「午前午後に亘り機密費の使途報告等の整理を為」し、三日「午前、満洲事件費機密費の内訳に関し研究す。午後は其の説明材料に骨折」り、五日に「午前中満洲事件費機密費に関する説明書を書」き、六日「午前中機密費に関する大臣への報告を書く。午後は之を課長に説明」している。陸軍の官衙、部隊での機密費の使途を管理する業務は予算班長の担当であったことが改めて実証されたであろう。高嶋は機密費使用報告の整理をこのあとも続けていて、七、九、一〇、一一、一二、一四、一六、一七日の日記にその旨を記録し、一七日に「これにて大体片付きたり」と書いて終えている。この書類の整理を通して機密費関係業務が軍事課予算班長にもたらす負荷を改めて実感したのか、一六日には「午前早く出勤、機密費使途報告の整理、午後も同様。昨今予算班の仕事不快なること甚し。まあそろ〱引退の時節の来た頃ならん」と慨嘆している。高嶋の予算班長在任も二年に近づいていた。

参謀本部の謀略用経費

「高嶋日記」には一〇年一〇月二八日「機密費の配当計画を為す」、二九日「十一月配当の機密費の計画も為す」、三〇日「午前中機密費配当計画の研究」とあるが、これに対応する機密費交付の文書は「陸軍省大日記」の今回の検索では検出できなかった。一一月二三日に「十年度第三期の機密費の配当を為す。相当複雑なり」という記事は、満洲事件費機密費一〇年度分の最終交付（一二月以降の四ヶ月分）を指しているのだろうが、この文書も検出できていない。一一年三月一〇日「機密費の配当計画を為す」、一一日「今日は機密費の配当を為す。相当に複雑なり」とあるのは、一二日に完了した「軍事ヒ《〔ママ〕》及支那駐屯部隊費機密費の配当」のことであろうが、これに該当する文書も不明である。一方、表19の三月一六日付臨時警備諸費機密費の交付は、本章第二節で触れたように二・二六事件に関係するが、それに関連する記述は同日記には見当たらない＊47。

　高嶋予算班長は三月一七日には年度末恒例の「機密費決算事項処理」に着手して多忙であったが、二〇日に「参謀本部明年度の外国旅ヒ《〔ママ〕》、機密費につき説明聴取」と書いている。二四日の日記に「午前午後共に対蘇謀略の問題其の他機密費件《〔ママ〕》の研究」とあるので、参謀本部が対ソ謀略に要する経費の翌年度機密費からの支出を求めてきたのだろう。高嶋は続けて二五日から三〇日にかけて一一年度機密費の配当計画を研究、立案しているが、機密費の分配に関しては参謀本部など陸軍部内からの要求が陸軍省軍務局軍事課予算班に寄せられることがわかった。すべての要求を充たすことは困難である以上、不満は配分役の予算班長に向うことになる。高嶋は二八日の日記に一一年度機密費配当計画の完成を書いたあと「又相当の文句あるやも知れず」と覚悟を決めている。

以上、昭和八、九、一〇年度の「高嶋日記」の機密費に関する記述の分析から、軍務局軍事課予算班長が機密費の配当計画作成、交付の手続、使途の管理、決算などの実務を担っていたことが改めてわかった。機密費に起因する陸軍部内の軋轢の調整も求められて、同費の管理はストレスの絶えない仕事であったことも高嶋の残した叙述の端々からうかがわれる。彼の歎息が聞こえてきそうである。次年度の陸軍予算に関する調整に加えて機密費という個別の経費の運用にも与る軍事課予算班には、陸軍部内から諸要求が寄せられるが、予算や機密費の増減は各部門の活動の消長を左右するだけに、部内の反発を招き、恨みを買いやすいところであった。第三章第二節で述べたように、同班が陸軍部内の怨嗟の的となる可能性もあったのである*48。なお予算班長によって機密費の決算や配当計画に関する文書が作成されていたことになるが、それらが現存していれば各年度陸軍機密費の鳥瞰図となるはずである。本章で作成した表15～20の不足を補うことができるだろう。

機密費掌握の意味

「陸軍省大日記」中の機密費に関する陸軍省内部文書と、機密費の管理の任にあった軍務局軍事課予算班長の日記を重ねてみると、昭和戦前期の陸軍部内の機密費をめぐる諸関係が改めて浮き彫りになった。すなわち、陸軍省軍務局軍事課予算班が機密費管理の実務を担っていたこと、省部や外地駐留部隊など大まかな配当を決めて各軍隊官衙の次官、参謀次長、参謀長宛に交付したこと、使用報告が定期的に提出されていたことなどである。また次年度予算案の要求調整だけでなく、機密費という各部門にとっては魅力ある経費の管理を担当していた軍事課予算班は、その権限ゆえに部内の反感を煽る可能性のある部署であったことも実感できた。

加えて次のようなことも判明した。陸軍次官が陸相から委任されて機密費交付の決裁にあたっていたこと、歳出臨時部の満洲事件費機密費が歳出経常部の軍事費機密費を金額の面で圧倒していて、満洲事変が陸軍に多大の機密費使用を可能にしていること、関東軍参謀長が巨額の満洲事件費機密費の交付を受けていること、機密費使途の管理は機密費取扱手続という規則に基づいて行われていたことなどである。

陸軍省軍務局軍事課は、軍政の中枢として得られる情報、陸軍予算編成の過程で集まる部内の多様な政策案を、省部や外地の軍レベルへの機密費の割り振りとその使途についての報告から得られる情報と組み合わせて、陸軍全体の大きな動きを把握したことになる。軍事課予算班はこうして機密費という特定の費目の「財布の紐」を握ることで、陸軍の政策選択や部内の統制、調整を行う役割を果たしていた。そして満洲事変後の陸軍の政治勢力としての台頭や満蒙政策はじめ対外政策における陸軍のリーダーシップと、ここで見た陸軍機密費の動向との密接な関係も推測できると付言しておく。

＊註

1　これら廠所の事業は一般会計陸軍省所管分の兵器費、被服費によって経営されているので、厳密に言うと陸軍の経費は特別会計を加算しない一般会計の経費だけということになる（主計課「陸軍予算に就て」（『陸軍主計団記事』第二五一号、昭和六年一月）九九頁）。

2　川越丈雄「財務行政に就て[二]」(『陸軍主計団記事』第二三一号、昭和四年五月)一頁。川越は当時大蔵省主計局予算決算課長。
3　太田正孝「予算の解説―九年度予算を見本として」(『経済往来』昭和九年四月号)一二二頁。『官報号外』掲載の歳入歳出総予算は議会の協賛、天皇の裁可を経て公布した予算額を示したものだが、『帝国議会予算案』収録の歳入歳出総予算、予定経費要求書、予定経費要求書各目明細書は議会の協賛前のものであるため、金額は要求額として表示されている。『帝国議会予算案』の引用にあたっては、念のため衆議院・参議院編『議会制度七十年史』中の『帝国議会議案件名録』大蔵省印刷局、昭和三六年、を使って内閣提出の予算案(歳入歳出総予算)が議会で修正されず原案通り可決されたかを確認する必要がある。同書八〇～八四頁によれば、本書で考察する昭和八、九、一〇年度については内閣提出予算案がそのまま可決されている。なお歳入歳出総予算、予定経費要求書、予定経費要求書各目明細書といった文書が予算編成過程で占める位置については本書第二章第一節で言及したが、大前『昭和戦前期の予算編成と政治』第二章第一節も参照してほしい。
4　川越「財務行政に就て[二]」二頁。
5　「機密費取扱規程定められ度件」(アジア歴史資料センター C03020007100)。
6　同前、「機密費取扱規程定められたき件」(同前 C03020020300)、「機密費取扱手続の件」(同前 C03020021900)。
7　「接待費機密費取扱手続の件」(同前 C03020021800)、「機密費及接待費取扱手続規定の件」(同前 C06040570600)。
8　「支那駐屯軍機密費取扱手続改正の件」(同前 C03022362300)、「機密費取扱手続制定の件」(同前 C03024577400)。
9　「機密費取扱手続の件」(同前 C03022449200)。
10　同前。この陸軍次官通牒の宛先は以下の通りである。軍務局長、経理局長、参謀次長、関東都督府参謀長、朝鮮軍参謀長、支那駐屯軍司令官、青島守備軍参謀長、同民政長官、憲兵司令官、朝鮮憲兵隊司令官、中支那派遣隊司令官、台湾総督府陸軍参謀長。ただし軍務、経理両局長は後から書き加えられている。機密費交付先の各軍隊官衙関係者に加えて、同費関係業務の担当局長も宛先に入れて周知をはかったということだろう。

11 シベリア出兵の期間中は常設の軍隊官衙だけでなく同地に随時派遣された部隊にも機密費が交付された。そのため大正七年六月以降シベリア出兵の終る同一一年にかけては、機密費取扱手続第一一条により機密費取扱細則を制定したという軍隊官衙や部隊などから陸相宛の報告が「陸軍省大日記」に以下のように多数収録されている（典拠とする資料の文書名は省略するが、カッコ内にアジア歴史資料センターのレファレンスコードを付記する）。

大正七年

朝鮮軍司令官（C03022449200）、憲兵司令官事務取扱（同前）、中支那派遣隊司令官（同前）、朝鮮憲兵隊司令官（同前）、台湾総督（同前）、青島守備軍司令官（C03024948700）、支那駐屯軍司令官（C03022449000）、第三師団長（同前）、浦潮派遣軍司令官（C03010090500）、第一二師団兵站監（C07060609300）

大正八年

陸軍運輸部本部長（C03010170100）、浦潮派遣軍憲兵隊司令官（C03010200500）、南部烏蘇里派遣隊長（C07060753500）、浦潮派遣軍兵站部長（C03010169600）、北満洲派遣隊司令官（C03022479000）、関東軍司令官（C03022479100）、第一四師団長（C03022479300）、第五師団長（C03022479200）

大正九年

尼港派遣隊長（C07060974000）、第一三師団長（C03010230400）、北部沿海州派遣隊司令官（C03010231500）

大正一〇年

浦潮派遣軍参謀長（第九師団の分、C03010281200）

大正一一年

第八師団長（C03010329800）

「大正七・八・二一-八・四・三〇参謀本部庶務課日誌」を見ると、シベリア出兵中の部隊宛機密費交付には参謀本部総務部庶務課も派遣部隊と陸軍省の間に入る形で関与していることがわかる。

12「機密費使用区分調書及受払計算書調整に関する件」（アジア歴史資料センター C03022707800）。宛先はこの時点での機密費の交付に関係する軍務局長、経理局長、参謀本部総務部長、東京警備参謀長、憲兵司令官、朝鮮憲兵隊司令官、朝鮮・関東・台湾・薩哈嗹各軍参謀長、支那駐屯軍司令官、陸軍運輸部長である。

13「機密費取扱細則設定の件」（同前 C03022712600）。

14『日本陸海軍総合事典』第二版三一〇頁。

15 檜山「台湾総督府陸軍部機密費関係文書について」に翻刻された明治末期の台湾総督府陸軍部の機密費関係文書の中にも、各年度の機密費の金額、使途の明細を示したものがある。

16 アジア歴史資料センター C01003988000。

17『官報号外』昭和八年三月一五日、三頁、「昭和八年度陸軍省所管予定経費要求書」（『六四帝国議会予算案 明細書 昭和八年度』国立国会図書館所蔵）一二頁、陸軍省「昭和八年度予定経費要求書各目明細書」（『六四帝国議会予算案 各目明細書その二 昭和八年度』同前）一八一～一八二頁。三番目の資料には八年度軍事費機密費二五〇、一八〇円の内訳が次のように付記されている（単位：円）。

参謀本部	一一二、〇六四
東京警備司令部	二、四四一
台湾憲兵隊	二、〇五〇

朝鮮軍司令部　四五、三一八　技術本部　一一、一五九　朝鮮憲兵隊司令部　六、二〇〇
朝鮮師団司令部　一六、九四六　憲兵司令部　一一、〇四〇　及憲兵隊
台湾軍司令部　八、四七二　内地憲兵隊　三一、五四〇　関東憲兵隊　二、九五〇

一見して参謀本部宛を除けば朝鮮関係が多くを占めているのがわかる。ただし、本文後述の「陸軍省大日記」収録の機密費交付文書をもとにした分析では、表16に示したように陸軍次官宛八万五七二〇円、憲兵司令官宛六〇〇円の昭和八年度軍事費機密費の交付が判明している。実際の軍事費機密費の交付とこの内訳との関係は現時点ではわからない。

18 「昭和八年度陸軍省所管予定経費要求書」二二二頁、陸軍省「昭和八年度予定経費要求書各目明細書」二三六頁。後者の資料では内訳として「駐屯軍司令部　二四、二二五」とのみ付記されている。

19 「昭和八年度陸軍省所管予定経費要求書」二二五頁、陸軍省「昭和八年度予定経費要求書各目明細書」二五〇頁。

20 アジア歴史資料センターのサイトで「機密費」をキーワードに、年代域を昭和八、九年に設定して「陸軍省大日記」をキーワード詳細検索した結果、該当した文書（表中ではレファレンスコードのみ記して文書名は省略した）をもとに作成している。以上の検索から漏れた機密費交付の文書が存在する可能性は否定できないので、八年度中のすべての陸軍機密費を網羅しているとはいえないとことわっておく。

21 週刊朝日編『値段の明治大正昭和風俗史』上巻、朝日新聞社、昭和六二年、一五九頁。

22 主計課「陸軍予算に就て」九六～九七頁。

23 防衛庁防衛研修所戦史室編『戦史叢書大本営陸軍部〈一〉昭和十五年五月まで』朝雲新聞社、昭和四二年、三四一頁。

24『今村均政治談話録音速記録』二一～二二、四五～四七頁。関東軍割当の分、陸軍省からの預かり分はそれぞれ五〇〇万円（二二頁）あるいは六〇〇万円（四五～四六頁）であり、勝手に使ってよいとされた利息だけでも相当の金額だったので、料理屋での飲食に費やされて関東軍の幕僚を腐敗させたこと、その一方で板垣征四郎参謀長から命じられて当時参謀本部にいた石原莞爾に利息分のうち一〇万円を送金したが、憲兵を使って調べたところ石原はその資金をすべて調査研究に使っていたとわかったことも語られている。なお、今村によれば、関東軍部内での機密費の交付については、機密費使用を具申できるのは参謀長のみであり、軍司令官が決裁すると参謀長は参謀副長に伝え、参謀副長が高級副官を呼んで金額と支出先を示して高級主計から渡させるように命じたという。高級主計が金庫を預かり出納を記録した。それゆえ機密費の流れを把握しているのは、軍司令官、参謀長、参謀副長、高級副官、高級主計の五人だったという（同前、二一頁）。今村『私記・一軍人六十年の哀歓』二五〇～二五三頁でも関東軍における機密費の管理について述べられている。

25 宮村三郎『林銑十郎―その生涯と信条』上巻、原書房、昭和四七年、三二二頁。

26『官報号外』昭和九年三月二〇日、三頁、「昭和九年度陸軍省所管予定経費要求書」（『六五帝国議会予算案　明細書昭和九年度』国立国会図書館所蔵）一五頁。なお国立国会図書館所蔵の『六五帝国議会予算案』は各目明細書の巻を欠いていて、陸軍省「昭和九年度予定経費要求書各目明細書」は閲覧できなかった。しかし同館所蔵の『六七帝国議会予算案　各目明細書その二　昭和一〇年度』で陸軍省「昭和十年度予定経費要求書各目明細書」を見ると、軍事費機密費の昭和一〇年度要求額は八、九年度と同額の上、そこに付記された内訳も上述の昭和八年度分と全く同じである。それゆえ「昭和九年度予定経費要求書各目明細書」中の軍事費機密費の欄に付記されている内訳も八、一〇年度と同じではないかと推測する。なお、後出の機密費交付文書の分析に基づく表17、18が示すように、昭和九年度の軍事費機密費の交付を示す文書は「陸軍省大日記」から検出できなかった。

27 「昭和九年度陸軍省所管予定経費要求書」二二二頁。

28 同前、二一四頁。

29 この大幅減額の背景を陸軍省と大蔵省の文書に見てみる。昭和九年度予算編成での満洲事件費の概算要求にあたって陸軍省は、昭和八年九月二二日付で「昭和九年度満洲事件関係予算の説明（陸軍省）」（アジア歴史資料センター A09050137000）という文書を大蔵省に提出している。本資料ではまず満洲事件関係予算の積算要領として、在満兵力とそれに関連する経費は満洲事件費として積算する一方で、在満兵力充実に関連して生ずる平時部隊の改廃、人馬の増減に伴う経費は平時予算において増減することを方針とした上で、それぞれの積算の単価を説明している。続けて要求の背景として、満洲の治安確立の必要と国際連盟脱退後の国際環境や周辺国への警戒を述べ、在満兵力の補備増強の必要を強調した上で、部隊ごとの兵力充実の概要を記している。そして本資料の別紙第五「昭和八年度昭和九年度満洲事件費科目別比較表」によると、九年度予算編成において陸軍省は、満洲事件費中の機密費として八年度比一〇〇万円減の九〇六万円を要求していた。この陸軍省概算要求に対する大蔵省主計局の査定の内容は、「昭和九年度海軍予算査定資料」（アジア歴史資料センター A09050137200）によってわかる（本資料については大前『昭和戦前期の予算編成と政治』一四九～一五〇、一六二～一六三頁も参照してほしい。同書第二章第三節は昭和九年度予算編成過程を予算編成方式改革の試みや軍部予算をめぐる対立と妥協に焦点をあてて分析している）。この資料の表紙には「藤井」と署名があり、藤井真信主計局長の手許にあったものだろう。内容は海軍省所管と陸軍省所管（第二七三画像目以降）に二分されていて海軍だけでなく軍部予算の査定資料集である。陸軍省所管分には、九月から一一月にかけて大蔵省主計局が作成したと考えられる諸種の資料と、「昭和八年九月二十

五日　主計課」と記されていて陸軍省経理局主計課から大蔵省主計局に提出されたものであろう「在満兵力充実順序表」が収録されている（第三一七〜三一九画像目）。そして、この「昭和九年度海軍予算査定資料」中の昭和八年一〇月二六日付「陸軍省所管昭和九年度満洲事件費要求額査定表」によれば、満洲事件費中の機密費は五〇六万円と八年度比半減の査定が行われた。そこでは機密費を含む各費目を一時費、特殊維持費、一般維持費と細分した上で減額査定が断行されている（第二八九画像目）。本文に示した満洲事件費機密費の九年度予算額七〇六万円は陸軍省要求額と大蔵省査定額のちょうど中間である。復活要求などその後の折衝の結果であろう。帝国議会に提出された「昭和九年度陸軍省所管予定経費要求書」二四頁によれば、満洲事件費全体では八年度比一二一五万五六九三円の減額、減額の大きな費目はまず運輸費の四〇九万〇七六一円減、次に兵器費三五八万六五六八円減、機密費三〇〇万円減が三番目である。一方、増額の費目は俸給三四三万八八〇七円増、糧秣費一六三万七四一四円増、築造費三一万〇一八八円増、旅費二三万六〇五八円増のみである。こうした満洲事件費の変動に関して陸軍省は、「昭和九年度満洲事件費は、初度費及一般維持費に於ては八年度に比し増加して居るが、討伐行動等を主なる理由とする特殊維持費に於ては、著しく減少を来したのである。更に昭和九年度満洲事件費を昭和八年度と比較すると総額に於て約千二百万円の減少となる」と説明している（『帝国及列国の陸軍』昭和九年版五六頁）。機密費使用の現場ではこの昭和九年度の減額をどう受けとめているか、巨額の満洲事件費機密費を交付されている関東軍を例に見てみる。昭和九年一一月二〇、二一の両日同軍では軍内参謀長及直轄部隊長会同が開かれている（「軍内参謀長及直轄部隊長会同の際に於ける配布書類送付の件通牒」アジア歴史資料センター　A03032000600　第五八八画像目）。昭和九年一一月二〇日付の「軍内参謀長及軍直轄部隊長会同席に於ける軍高級副官口演要旨」（同前、第七五七〜七六八画像目）によるとその席で関東軍高級副官は次のように述べている（同前、第七六七画像目）。

第十、機密費に就て

予算緊縮に伴ひ機密費の令達額も亦減少せられ其運用に困難を加へある現況に鑑み之が使用に一段の注意を払はれ機密費本来の目的に合致する如く留意ありたし

殊に来年度予算に於て極度の減少を予想せられあるを以て各部隊に於ても之に応ずるが如く顧慮せられたし

尚機密費決算に於て提出期の著しく遅延する部隊あり、又其使途区分に於て主任者に一括交付せるものを記載しあるため其使途不明なるものあり、期日の励行並に使途の具体的証明につき注意ありたし

九年度予算での満洲事件費機密費減額を受けて同費の有効活用を求め、一〇年度予算での更なる減額を予想して注意を促すとともに、決算期日の遵守と使途の具体的証明を求めている。

30『東京朝日新聞』昭和九年二月三日。ほかに総額一一三万一七五七円となる特別会計歳出中の機密費も示されている。

31 アジア歴史資料センターのサイトで「機密費」をキーワードに、年代域を昭和九、一〇年に設定して「陸軍省大日記」をキーワード詳細検索した結果、該当した文書（表中ではレファレンスコードのみ記して文書名は省略した）をもとに作成している。以上の検索から漏れた機密費交付の文書が存在する可能性は否定できないので、九年度中のすべての陸軍機密費を網羅しているとはいえないとことわっておく。

32 昭和九年当時、教育総監だった真崎甚三郎の日記には、陸軍部外への資金供与に次官が関わっていたことを示す記述が見受けられる。たとえば同年八月一二日、蓑田胸喜、三井甲之、若宮卯之助は真崎を訪ねて美濃部達吉、末広厳太郎攻撃の資金援助を乞うている。真崎は出来る限り努力すると答え、同月一八日再訪した蓑田に若宮をして次官を訪問させるように告げた。二一日橋本虎之助次官が真崎のところに来て返事をもたらしたので、真崎は蓑田

に電話して若宮を出頭させるように伝えている。翌二二日、真崎は来訪した若宮に次官との話の内容、経緯を説明しているが、二九日に真崎は訪ねてきた若宮から「過日予のなしたる取次ぎに就て謝意を表」されているので、この間に金銭の授受があったのだろう（『真崎甚三郎日記』第一巻、二六八、二七一、二七三、二七四、二七八頁）。真崎の日記には、ほかにも政客などへの金銭の供与を次官に取り次ぐ旨の記述が繰り返し現れる。

33『官報号外』昭和一〇年三月二七日、「昭和十年度陸軍省所管予定経費要求書」（『六七帝国議会予算案 明細書 昭和一〇年度』国立国会図書館所蔵）一四頁、陸軍省「昭和十年度予定経費要求書各目明細書」（『六七帝国議会予算案 各目明細書その二 昭和一〇年度』同前）一八六頁。三番目の資料に付記されている一〇年度軍事費機密費二五万〇一八〇円の内訳は、先に見た八年度軍事費機密費の内訳と同じである。

34「昭和十年度陸軍省所管予定経費要求書」二二頁、陸軍省「昭和十年度予定経費要求書各目明細書」二三四頁。

35「昭和十年度陸軍省所管予定経費要求書」二三頁、陸軍省「昭和十年度予定経費要求書各目明細書」二四二頁。

36アジア歴史資料センターのサイトで「機密費」をキーワードに、年代域を昭和一〇、一一年に設定して「陸軍省大日記」をキーワード詳細検索した結果、該当した文書（表中ではレファレンスコードのみ記して文書名は省略した）をもとに作成している。以上の検索から漏れた機密費交付の文書が存在する可能性は否定できないので、一〇年度中のすべての陸軍機密費を網羅しているとはいえないとことわっておく。

37『東京朝日新聞』昭和一一年三月五日。昭和一一年三月二七日付で戒厳司令部がまとめた二・二六事件の経済的影響に関する文書に、その時点での臨時警備諸費の省庁別内訳が明記されているが、そこでは陸軍省の分は六六万八三三二円となっている（「二・二六事件の帝国経済界に及ぼせる若干の影響（未定稿）」（松本清張編『二・二六事件＝研究資料』第一巻、文藝春秋、昭和五一年）二二七～二二八頁）。

38 アジア歴史資料センターのサイトで「機密費」をキーワードに、年代域を昭和八、九、一〇、一一年に設定して「陸軍省大日記」をキーワード詳細検索した結果に、そこで漏れた文書を階層検索で補い、該当した昭和八、九、一〇年度中の機密費使用報告を発信人の職名で区分して文書のレファレンスコードを示すと次のようになる。文書名は省略する。

昭和八年度

憲兵司令官 C01003990800,C01002898100,C01003991700,C01002937800,C01002954700,
C01002961300,C01007486800,C01002990900,C01003012900,C01007485900
（うち C01002954700,C01003012900 は上海派遣憲兵宛機密費の使用報告）

陸軍航空本部長 C01007488000

陸軍技術本部長 C01004082300,C01003992000,C01007486300,C01007486900

東京警備司令官 C01003990600,C01003991200,C01007485200,C01007487000

関東軍司令官（参謀長） C01003990500,C01003990300,C01007486100,C01003991800,
C01002952900,C01007487100,C01007486500,C01002917900,
C01002927000

朝鮮軍司令官 C01007485300,C01002961200,C01007485100,C01002924600

台湾軍司令官 C01003991400,C01007487300,C01007485700,C01003990900

支那駐屯軍司令官 C01003990700,C01003991000,C01003991500,C01003991900,C01007485000,
C01007486700,C01007485500,C01007489100,C01007486000

昭和九年度

憲兵司令官　C01007490200,C01003012900,C01003013000,C01007491500,C01004077100,
C01004077200,C01004078700,C01004078800,A03032000600 第八三八画像目、
A03032000900 第三四三画像目
（うち C01003012900,C01004077100,C01004078800 は上海派遣憲兵宛機密費の使用報告）

陸軍航空本部長　C01004081000

陸軍技術本部長　C01007491100,C01007492300,C01004077800,C01004079000

東京警備司令官　C01007489900,C01007491700,C01004076500,C01004078100

関東軍参謀長　C01002992500,C01007488100,C01007489700,C01007490000,C01007491000,
C01007491300,C01003032300,C01004078200,A03032000400 第六七〇画像目、
A03032000600 第五四七画像目

朝鮮軍司令官　C01002990800,C01007489800,C01007491800,C01007491900,C01007492400,
C01004076600,C01004078300

台湾軍司令官　C01007490500,C01007492000,C01004076800,C01004078400

支那駐屯軍司令官　C01007488800,C01007490800,C01007491400,C01007492800,C01007492600,
C01004076300,C01004077400,C01004077700,C01004077900,C01004078500

昭和一〇年度

憲兵司令官　C01004081200,C01004081300,C01003078200,C01004083100,C01004083200,

C01004179900,C01004180000,C01003128500,C01003128600,C01004179700,
C01003123000,C01003123100
（うち C01004081300,C01004083200,C01003128500,C01003123000 は上海派遣憲兵宛機密費の使用報告）
東京警備司令官　C01004081100,C01004082600,C01004178900
関東軍参謀長　C01004078900,C01004080900,C01004081800,A03032001100 第三八九画像目、
A03032001100 第一一五一画像目、C01004083600,C01003095700,C01003100800,
C01003129100,C01004179400
台湾軍司令官　C01004082700
支那駐屯軍司令官　C01004081400,C01004081700,C01004081900,C01004082400,C01004082900,C01004178800,
C01004179000,C01004179500

東京警備司令官の C01004081100 は昭和一〇年七月一五日付の陸相宛報告だが、文面には「昭和九年度自四月至六月機密費」とある。しかし同司令官からの九年度四、五、六月分の使用報告は上記 C01007489900 として九年七月五日付で報告されているので、「昭和十年度自四月至六月機密費」を誤って九年度としたものと判断してここに入れた。

39 稲葉「臨時軍事費一千億の行方」一四五頁。

40 終戦時の機密文書の焼却については、原剛「陸海軍文書の焼却と現存」（『日本歴史』第五九八号、平成一〇年三月）参照。

41 アジア歴史資料センター C01004179300。宛先は関東軍・朝鮮軍・台湾軍・支那駐屯軍・（東京）警備司令部各

参謀長、参謀本部・憲兵司令部各総務部長及び上海派遣憲兵であり、この時期の機密費交付先であろう。上海派遣憲兵のあとに「塚本誠」と手書きで加えられている。塚本憲兵大尉は昭和一〇年四月付で上海駐在となっている（塚本誠『ある情報将校の記録』中公文庫、平成一〇年、一六一頁）。

42　この陸密第二八一号通牒には、参考として昭和七年一月一五日陸一七号の次官より関東軍・朝鮮軍・支那駐屯軍各参謀長宛電報の要旨が添付されている。その内容は「満洲事件費に関する報告は大正七年六月十日陸密第一七九号の規定に拘らず毎月従来の様式に準じ報告相成度」というもので、三ヶ月ごとの陸相への報告を定めた機密費取扱手続第一〇条にかかわらず、満洲事件費機密費については毎月の報告を求めている。

43　真崎甚三郎「現世相に関する特別備忘録」（『This Is 読売』平成四年三月号）二三九頁。

44　表15に示した昭和八年一二月二九日付の支那駐屯部隊費機密費の台湾軍参謀長宛交付の文書「機密費交付の件」（アジア歴史資料センター C01007485400）には付箋がある。二九日の日付で大臣官房宛に「本件支出に関しては軍事課起案に依り次官閣下の決裁を経たるものに付本案は局長委任として御決行相成度　軍事課、主計課」とあり、「高嶋」と「木村」（主計課予算班木村主計正）の捺印がある。審案用紙の「決裁指定」の欄には「次官委任」の印の横に「局長」と手書きされ、次官の捺印欄には「委」と書かれている。年末ということで通常とは異なる手続となったか。

45　『東京朝日新聞』昭和一〇年一月二九日。

46　『帝国議会衆議院委員会議録』昭和篇第四九巻、東京大学出版会、平成五年、七九頁。大口の示した金額は、本章第二節で見た昭和九、一〇年度の満洲事件費機密費や九年度の一般会計歳出中の各省機密費総額と大体一致する。

47　昭和一一年の二・二六事件に際して高嶋少佐は、同事件の善後処置と広田弘毅内閣組閣への対処に奔走している

（大前『政治勢力としての陸軍』第五章第一、二節）。

48　高嶋自身もこうした予算班の立場を早くから認識していたのだろう、予算班長就任から三ヶ月たっていない昭和九年一月二五日に「予算班長をやめて編制班に入るが如き噂あり。大いに朗となり八時帰宅す」と記している。しかし翌二六日「今日は又昨日の噂取消」となって糠喜びに終っている。

おわりに

本書の成果

本書はまず第一章において、陸軍大臣の政治活動を支える政策幕僚としての陸軍省軍務局の改編を分析して、官僚機構としての陸軍と政治の関係を考察した。昭和一一年（一九三六）七月の陸軍省官制改正で軍務局の構成は一変したが、この改編の背後には政治介入の組織的強化という意図が存在した。すでに同局軍事課では官制に拠らずに政治関係の業務が行われていたが、官制改正の結果、軍事課と軍務課の二課で形成され、政治関与を制度化した新しい軍務局は政治介入を強力に推進していくことになる。

次いで第二章以下では、陸軍の政策が予算の裏付けを求めて形成されていく過程と陸軍部内における予算を手段とした統制、調整の態様を明らかにすることで、昭和戦前期に政治勢力として台頭著しい陸軍を従来とは違った角度から描くことを試みた。

まず、陸軍における予算を伴う政策形成の制度的枠組み、すなわち法規に定める陸軍予算の編成手順、予算に関する陸軍省、参謀本部の局部課の権限と省部の関係を明らかにした。次いで陸軍予算の編成や予算を手段とする統制、調整についての陸軍部内の慣行を、関係者の回想などをもとにまとめた。その上でこの制度的枠組みと慣行を検証すべく、昭和九年度中に行われた一〇年度陸軍予算編成と八、九、一〇年

図1　陸軍における予算編成を通じての政策形成の構図

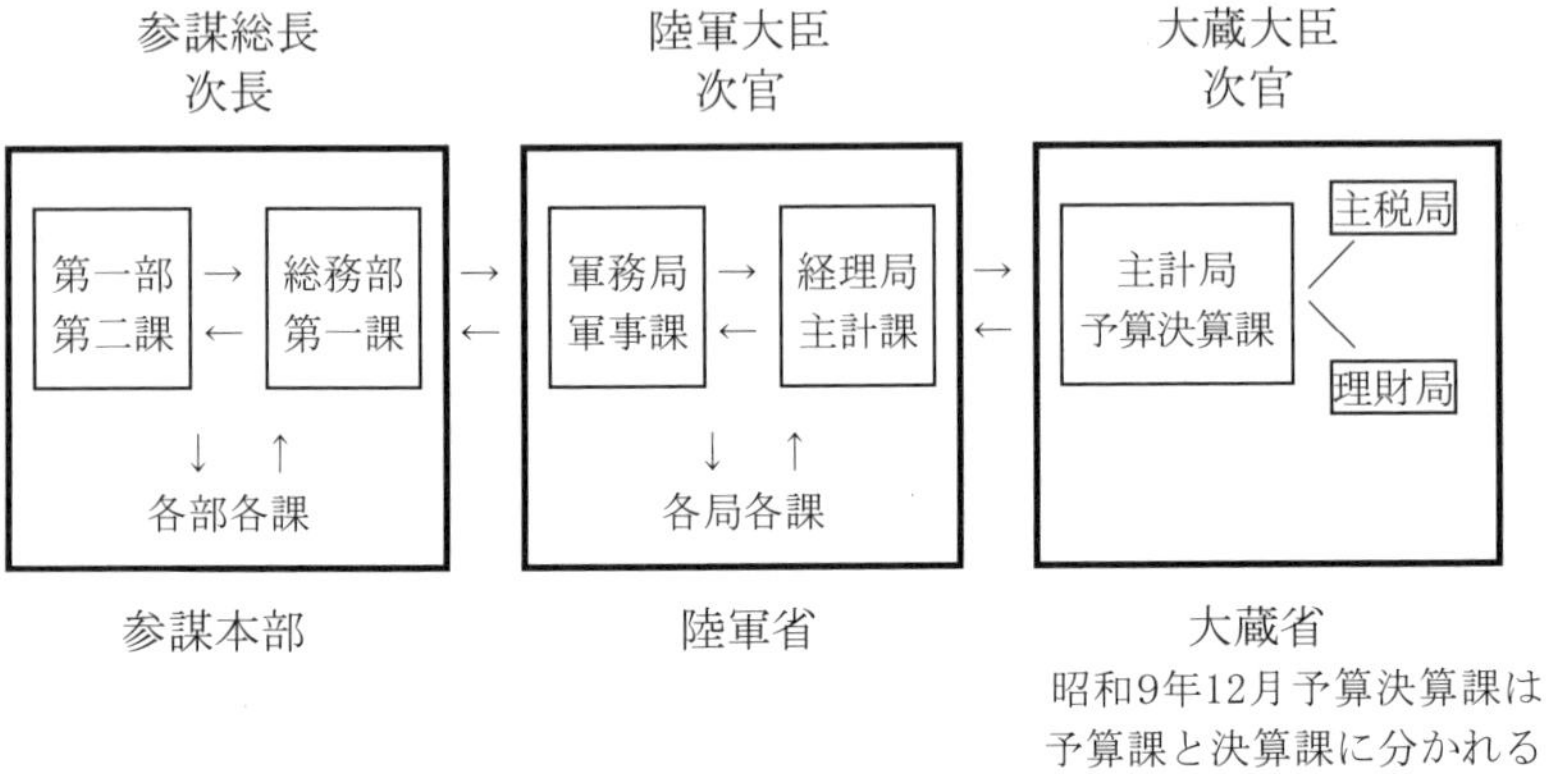

度の陸軍機密費の扱いを事例として取り上げた。

その結果、判明したのは主として以下のようなことである。

第一に、陸軍省軍務局軍事課が予算の裏付けを要する政策の形成過程の中心に位置しているということである。同課予算班が陸軍予算編成を掌握することにより、陸軍大臣-軍務局長-軍事課長-予算班長というラインで陸軍の政策形成を主導するとともに、予算を手段とする部内統制を担うのであった。軍務局軍事課が陸軍軍政の中核に位置しえた理由のひとつがここにあるといえよう。法規上は陸軍予算編成の要とされた経理局は、実際には事務的な面で軍務局を支える役割にあった。

陸軍における予算を伴う政策の形成過程をふまえて、陸軍省、参謀本部と大蔵省の関係の概略を示すと図1のようになろう。

こうして見てくると、参謀本部、陸軍省、大蔵省の間には要求と査定を通していわゆる攻守交代システム*1が存在しているといえる。参謀本部では総務部第一課が第一部第二課など部内からの要求を査定する。査定した第一課は、今度は参謀本部として陸軍省に要求する。それを軍務局軍事課と経理局主計課は、陸軍部内のその他の要求と合わせて査定する。査定した両課が今度は陸軍予算概算として大蔵省主計局に要求することになる。この要求と査定の過程で、統制、調整が行われる。軍務局軍事課予算班と経理局主計課の連合は、陸軍部内における大蔵省のような役割を果たしているといえよう。

第二に、陸軍部内における予算の要求元として、参謀本部が無視できない役割を果たしているということである。陸軍省軍務局軍事課予算班の主要な任務のひとつは参謀本部への対処であり、その求めをどの程度認めて概算要求に盛り込み大蔵省の承認を得るか、大蔵省の査定が出たあとは要求の削減についていかにして参謀本部を説得するかが重要であった。参謀本部内では、第一部第二課が作戦用兵を掌る部署として軍備充実を求めてやまないが、総務部第一課が部内の予算要求を束ねて陸軍省と折衝するとともに、予算を手段として統制、調整を行う役割が与えられていた*2。

第三に、陸軍予算中、機密費は政策の遂行と密接に関係するとともに、部内統制の手段として重要な費目だが、その交付と使途を管理するのも軍事課予算班であったということである。そこから得られる情報を、陸軍予算編成過程で得られる部内の多様な政策案やその他の軍政関連情報と組み合わせることで、陸軍省軍務局軍事課は陸軍全体の大きな動きを把握できたのである。

これらの成果をもとに政治勢力としての陸軍の特徴を従来とは違った角度から描き出して、陸軍が我が国近代の政治過程において果たした役割を改めて検証していくことが今後の課題といえよう。

＊註

1　村松『行政学教科書』第二版一二七頁。要求する者が査定を通じて内容を熟知することを求められると村松は述べている。西尾『行政学』新版、三三二、三三四頁にも同趣旨の記述がある。

2 陸軍少将から大阪朝日新聞記者に転じた河野恒吉は、参謀本部と陸軍省は伝統的に相剋の府であり、前者は軍拡を欲し、後者は予算を掌る関係から相互に対立すると述べている(河野恒吉『国史の最黒点』前編、時事通信社、昭和三八年、六頁)。

あとがき

本書は私にとって、『昭和戦前期の予算編成と政治』（木鐸社、平成一八年）、『政治勢力としての陸軍―予算編成と二・二六事件』（中央公論新社、平成二七年）に続く三冊目の単著である。

まず、本書の原型となった論文を紹介しておきたい。基礎とするこれらの論文に、そののち目を通した資料や研究論文などをふまえた多くの改訂を加えてこの本となった。全体の構成を考えて叙述の順序を変えたり、註記を本文に移したり、小見出しを加えたりもしている。

初出論文は次の通りである。

第一章

「陸軍省軍務局と政治―陸軍官僚制の政治介入」（『日本政治研究』第四巻第一号（平成一九年一月））

「はじめに」、第二、三、四、五章、「おわりに」

「陸軍における政策形成の構図―制度的枠組みと慣行」（『政治経済史学』第五〇四、五〇五、五〇六号（平成二〇年一〇、一一、一二月））

「陸軍における政策形成の構図―事例研究」（同第五〇七、五〇八、五〇九号（平成二一年一、二、三月））

上記第二作『政治勢力としての陸軍』の「あとがき」にも記したように、同書のもとになった論文より、本書の原型である上記論文の方を先に書き上げていた。陸軍を政治勢力としてとらえた場合の私自身の考えについては、本書の第一、二、三章がいわば総論であり、同じく第四、五章と上記第二作が各論にあたる。内容の点で一般書にしやすい部分を、先に書き改めて中公叢書としたのであった。

「陸軍省軍務局と政治」は、私が政治勢力としての陸軍について最初に書いたものとして、思い出深い論文である。陸軍とはどんな組織だったのかを制度面から調べるのにとりかかったが、官僚機構として見れば他の省庁などと比較可能な組織であるという印象を持ったのを覚えている。政治学や行政学の成果を活用していけば、ほかにない面白い分析ができるだろうという思いに至り、その後の研究に進んでいくきっかけを得た。

「陸軍における政策形成の構図」の制作の中では、防衛省防衛研究所戦史研究センター所蔵の「陸軍省大日記」所収資料をインターネットのアジア歴史資料センターのサイトで検索、閲覧したのが、労多くとも得るところ少なくない作業だった。その成果は本書第五章となっている。上記第二作で基本資料とした「高嶋日記」を用いて書いたのは、このときが最初であった。長大な論文を書いて公表先を探すのに苦労するかと思ったが、政治経済史学会の彦由三枝子会長のご厚意で発表できたのはありがたかった。

上記初出論文の制作過程で、それぞれの内容については以下の学会、研究会で発表している。

「陸軍省軍務局と政治」に関しては、平成一七年一一月に東京大学法学部で開催された日本政治研究学会（現　戦前戦後・比較政治史研究フォーラム）の第五回研究会で報告した。討論者の御厨貴先生から頂戴した貴重なコメントはその後の研究の励みになった。それに先立つ同年九月、早稲田大学現代政治経済研究所で催された二〇世紀メディア研究会でも、山本武利先生から発表する機会を頂戴している。

「陸軍における政策形成の構図」を報告したのは、明治学院大学を会場とした平成一九年一〇月の日本政治学会二〇〇七年度研究大会であった。フロアにいらっしゃった北岡伸一先生から過分のおほめにあずかったのは嬉しかった。第五章の陸軍機密費に関する部分は、軍事史学会第四二回年次大会（平成二〇年五月、広島国際大学）でも発表している。

次に、本書の公刊に際してお世話になった株式会社芙蓉書房出版の平澤公裕社長と防衛研究所の小野圭司氏のお二人にお礼を申し上げたい。平澤社長とは、平成二八年四月に明治大学で開催された戦略研究学会の年次大会で初めてお会いした。その後、お茶の水の同社を訪ねる機会もあり、軍事史や日本近現代史の書籍の出版について詳しくお話をうかがっている。同社は前身の芙蓉書房の時代からこれらの分野に関する多くの文献を刊行していて、本書でもそれらを引用しているのは註を見ていただければわかるであろう。そのラインナップに本書を加えていただけたのは嬉しい限りである。

平澤社長に私を紹介してくれたのが、同学会の理事でもある小野氏である。防衛研究所を訪ねた際には、経済学的観点から研究に関する多くの示唆をいただいていて、大変感謝している。

さて、これまで私は政治学を学びながらもわが国の歴史に関心を持ち続けてきた。その間を架橋するために政治史という研究分野を選んだように思う。そこで、この場を借りて歴史との出会いについての個人的な経験を記すことで、本書を含む私自身の政治史研究の背景と基盤を読者にお伝えしてみる。本書や先に紹介した拙著を読んでいただく際に、何ほどかは参考になるかもしれない。

父の里、大和吉野に生まれ、同じく葛城の母の里を経て、ものごころつくころに移り住んだのは大阪南河内の小さな町であった。まだ市制移行前だったその町は、美陵町と書いて「みささぎちょう」と読んだ。

私は今でもこの文字と音を好む。それは中学校卒業まで過ごしたこの町の思い出と結びつくからであろう。そこでの暮らしは今でも懐かしさをもって振り返ることができる。

文字通り美しい御陵に囲まれた町だった。その頃は私のような子どもも、古墳などという無粋なことばは使わなかった。干上がりかけたお濠で鮒釣りをしたり、いくつもあった小さな陪塚に隠れ家を作ったりしていたが、大きな御陵のお濠の向こうに足を踏み入れたことはない。「御陵でわるさしたら、御陵番につれていかれるで」と子どもたちの間で言い交されていたのを覚えている。御陵番とは宮内庁書陵部の職員のことだろうが、私もほかの誰もその姿を見たことはなかった。御陵とともに暮らしてきた人々が子どもたちに残したことづてだったのだろう。暑い夏に緑陰と涼風をもたらしてくれたのもこうした御陵であった。

小学校の修学旅行はお伊勢参り、遠足の行き先も多くは河内や大和の史跡だった。今でも口ずさむことのできる校歌には、地元ゆかりの菅原道真と聖徳太子が謳われていた。万葉集にも登場する二上山は、ふもとまで自転車で駆けつけて登ったものである。中学生のときには、夏に吉野の山深い渓谷の林間学校で修験道の山、大峰山に詣で、冬には楠木正成ゆかりの金剛山にアイゼンを付けて雪中登山を試みている。

このようにわが国の歩んだ足跡が色濃く残る地域で、いわば畿内の民として暮らしたことは、のちに歴史と伝統の大切さに気づいたとき、私自身にとってかけがえのないものとなった。それをはっきりと意識させてくれたのは、大和桜井の人、保田與重郎の著作である。

たとえば保田は、初期の代表的な著作の冒頭で次のように書いている（保田與重郎『戴冠詩人の御一人者』新学社、平成一二年、一三頁）。

古市のあたりとは、今の大阪鉄道の沿線の土地である。赤埴の色のあざやかに恐らく日本で一等美しい土の香空の碧したところといつて過言でないだらう。記の埴生坂わが立ち見ればの歌どころも、その一帯につゞく土地である。土の色の赤く美しく、樹の緑のあざやかさ、そのうへの空の色は限りなく深い。だからこのあたりは山越しの大和の地と共に最も早く開けた日本の風土である。回想の中では、僕の少年の日と共に日本の少年の日が思はれる、限りもなくありがたいことである。

わが町のすぐとなりが古市であり、日本で二番目に大きいとされた御陵があった。その森厳さは子どもごころにも畏怖の念を抱かせたものである。

自身の生まれ、育った土地がわが国揺籃の地であることを意識したとき、この国の歴史を貫流するものを探し当てたいという思いを強くした。歴史を貫く筋金は僕らの愛惜の念といったのは小林秀雄である。では、何をいとおしみ、いつくしむのだろうか。ひとびとの愛惜する来し方にあるものが歴史だとしたら、それは御陵を古墳と言い換える歴史学の記述とは別もののように思う。私は学問としての歴史学を学んではいない。学術としての政治史研究にとりくむには政治学の知識が必要であり、同じように経済史には経済学が、そして社会史には社会学の素養があればよいであろう。歴史はむしろ過ぎし日々を限りなくいとおしむ中で、いつか会得するかもしれない何か、それをひとびとがそれぞれの立場で探し求める過程で学んでいくものではないだろうか。文献を渉猟するだけでなく、歩いて、見て、そして想うことで、それに近づくことができるように思う。

保田の著作とともに、私にわが国の歴史とは何かを考えさせてくれたのは、奥明日香の山あいの棚田で六年間続けた稲作の経験であった。それは陸軍を研究対象とすることにつながっていく。農機を入れにくい山間の棚田で、晩春の田植え、盛夏の草取り、そして文字通り実りの秋の稲刈りを手作業で続けてみると、農作業のつらさとよろこびを身をもって実感できた。それとともに、協同体や水利の大切さにも気づいている。そこから見えてきたのは、いろんな意味でわが国の歴史とかつての社会を如実に反映した組織が陸軍だったのではないかということである。

しかし、この「あとがき」はもう長くなってしまっている。農事のこと、それと研究との関わりについては改めて機会を得たときに書いてみたい。政治学という学術をふまえてわが国の歴史の探究にささやかな取り組みを続けてきた私自身の考えを、ここに記したことによって少しでも理解していただけたら幸いである。

こうして本を編むたびに想うのは、先師高坂正堯が健在なら何とおっしゃるだろうかということである。差し上げた拙著を見て「ようがんばったな。せやけどまだこれからやで」と、笑みを浮かべながら励まして下さりはしないか。その面影を慕いつつ筆を擱きたい。

平成二十九年　小正月

大前　信也

や行

わ行

人名索引

＊図表に含まれる人名、現代の研究者の人名、また、註の引用文献の著者・編者名とタイトル中の人名は割愛した。役職名が特定の人物を指して使われている場合はその人名と見なした。

な行

は行

ま行

や行

た行

さ行

事項索引

＊見出し、図表に含まれる語句、註の引用文献のタイトル中の語句は割愛した。

著者
大前 信也（おおまえ しんや）
昭和34年（1959）奈良県に生まれる。慶應義塾大学文学部、京都大学法学部卒業、コーネル大学大学院アジア研究科修士課程修了、京都大学大学院法学研究科政治学専攻博士後期課程研究指導認定退学。現在、同志社女子大学現代社会学部嘱託講師。専門は日本政治史。著書に『昭和戦前期の予算編成と政治』（木鐸社、平成18年）、『政治勢力としての陸軍―予算編成と二・二六事件』（中央公論新社、平成27年）、『国際環境の変容と政軍関係』（共著、中央公論新社、平成25年）など。

陸軍省軍務局と政治
―軍備充実の政策形成過程―

2017年 2月25日　第1刷発行

著 者
大前《おおまえ》 信也《しんや》

発行所
㈱芙蓉書房出版
（代表 平澤公裕）
〒113-0033東京都文京区本郷3-3-13
TEL 03-3813-4466　FAX 03-3813-4615
http://www.fuyoshobo.co.jp

印刷・製本／モリモト印刷

ISBN978-4-8295-0705-6

最後の貴族院書記官長小林次郎日記―昭和20年1月1日～12月31日―

尚友倶楽部・今津敏晃編　本体 2,500円

最後の貴族院書記官長が記した昭和20年の日記を翻刻。その立場から知り得た貴重な情報が克明に記録された史料。

岡部長景巣鴨日記　付　岡部悦子日記、観堂随話

尚友倶楽部・奈良岡聰智・小川原正道・柏原宏紀編集　本体 2,700円

戦前、外務省、宮中、貴族院で活躍し、東条内閣の文部大臣を務め、戦後GHQにA級戦犯容疑で逮捕された岡部長景《ながかげ》が、２年近く収監された巣鴨拘置所で書き遺した日記。

周布公平関係文書

尚友倶楽部・松田好史編集　本体 2,500円

明治政府の行政官僚として活躍した周布公平の未公開史料を翻刻。山県有朋、伊藤博文ら41名からの書翰131通と内閣書記官長就任前後の明治22～23年の日記を収録。

山川健次郎日記　印刷原稿　第一～第三、第十五

尚友倶楽部・小宮京・中澤俊輔編集　本体 2,700円

明治～大正期に東京帝国大学総長を務めた山川健次郎の日記のうち、秋田県公文書館で発見された日記写本４冊を翻刻。

田　健治郎日記　全７巻

尚友倶楽部・広瀬順晧・櫻井良樹・季武嘉也・内藤一成編

貴族院議員、逓信大臣、台湾総督、農商務大臣兼司法大臣、枢密顧問官を歴任した官僚出身の政治家、田健治郎が死の１か月前まで書き続けた日記を翻刻。漢文墨書の原本を「読み下し体」で翻刻。

①明治39～明治43年　本体 6,800円
②明治44～大正３年　本体 7,500円
③大正４～大正６年　本体 7,200円
④大正７～大正９年　本体 7,200円
⑤大正10～大正12年　本体 7,200円
⑥大正13～昭和３年　**本体 7,200円**
【続刊】⑦昭和４年～昭和５年・解説・人名索引

上原勇作日記

尚友倶楽部編集　櫻井良樹・清水唯一朗・小林道彦解説　本体 6,800円

明治末期～大正期を代表する陸軍軍人の日記。明治22年～昭和６年前半まで書き綴った37冊の日記のうち連続的に残っている大正６年～昭和６年分を翻刻。

ゼロ戦特攻隊から刑事へ
友への鎮魂に支えられた90年
西嶋大美・太田茂著　本体 1,800円

少年航空兵・大舘和夫が戦後70年の沈黙を破って初めて明かす特攻・戦争の真実。奇跡的に生還した元特攻隊員が、南海の空に散っていった戦友への鎮魂の思いを込めて、あの戦争の現場で何があったのかを語り尽くす。長期間にわたる聞き取りを行ったジャーナリストと法律家によって読みやすくまとめられている。

原爆を落とした男たち
マッド・サイエンティストとトルーマン大統領
本多巍耀著　本体 2,700円

“原爆投下は戦争終結を早め、米兵だけでなく多くの日本人の命を救った”という戦後の原爆神話のウソをあばく。原爆の開発から投下までの、科学者の「狂気」、投下地点をめぐる政治家の駆け引き、B-29 エノラ・ゲイ搭乗員たちの「恐怖」……。原爆投下に秘められた真実がよくわかる本。

原爆投下への道程
本多巍耀著　本体 2,800円

世界初の核分裂現象の実証からルーズベルト大統領急死までの６年半をとりあげ、原爆開発の経緯とルーズベルト、チャーチル、スターリンら連合国首脳の動きを克明に追ったノンフィクション。マンハッタン計画関連文献、アメリカ国務省関係者の備忘録、米英ソ首脳の医療所見資料など膨大な資料から政治指導者の病気の影響も見えてきた。

ハンガリー公使大久保利隆が見た三国同盟
ある外交官の戦時秘話
高川邦子著　本体 2,500円

“ドイツは必ず負ける！ それも１年から１年半後に”　枢軸同盟国不利を日本に伝え、一日も早い終戦を説いた外交官の生涯を描いた評伝。

柏にあった陸軍飛行場
「秋水」と軍関連施設
上山和雄 編著　本体 2,500円

つくばエクスプレス開通などで急速に開発が進む千葉県柏市「柏の葉」周辺には、戦前、帝都防衛の拠点として陸軍柏飛行場があった。米軍のＢ29に対する秘密兵器として開発されたロケット戦闘機「秋水」の基地として知られているこの地域に今も残る戦争遺跡を調査した市民グループによる活動記録。

スパイクマン地政学
『世界政治と米国の戦略』

ニコラス・スパイクマン著　渡邉公太訳・解説　本体 2,500円

地政学、国際政治学の祖として著名なスパイクマンが書いた *America's Strategy in World Politics: the United States and the Balance of Power* は戦後の米国国際政治学の原点となった古典的著作。世界地図と該博な地理の知識を駆使して戦後の世界情勢を予見した本書は、75年前の著作でありながら、現代の国際情勢を考えるための重要な示唆を与えてくれる。

平和の地政学
アメリカ世界戦略の原点

ニコラス・スパイクマン著　奥山真司訳　本体 1,900円

冷戦期の「封じ込め政策」、冷戦後の「不安定な弧」、そして現代の「地政学的リスク」、…すべてはここから始まった！　戦後から現在までのアメリカの国家戦略を決定的にしたスパイクマンの名著の完訳版。ユーラシア大陸の沿岸部を重視する「リムランド論」を提唱するスパイクマン理論のエッセンスが凝縮された一冊。原著の彩色地図51枚も完全収録。

クラウゼヴィッツの「正しい読み方」
『戦争論』入門

ベアトリス・ホイザー著　奥山真司・中谷寛士訳　本体 2,900円

戦略論の古典的名著『戦争論』解釈に一石を投じた話題の入門書 *Reading Clausewitz* の日本語版。従来の誤まった読まれ方を徹底検証、正しい読み方のポイントを教える。21世紀の国際情勢理解に役立つクラウゼヴィッツの読み方とは？

アメリカの対中軍事戦略
エアシー・バトルの先にあるもの

アーロン・フリードバーグ著　平山茂敏監訳　本体 2,300円

「エアシー・バトル」で中国に対抗できるのか？

アメリカを代表する国際政治学者が、中国に対する軍事戦略のオプションを詳しく解説した書 *Beyond Air-Sea Battle: The Debate Over US Military Strategy in Asia* の完訳版。米中の地政学的な対立と、中国が突きつけている「アクセス阻止・エリア拒否」（Ａ２／ＡＤ）戦略の脅威を明らかにし、後手に回っている米国の対応や、今後の選択肢について具体的に言及。米中の軍事面での対峙を鮮やかに描き出しているのが本書の特徴。